丛书主编　中国老龄事业发展基金会

养老方式选择多

李晶　著

广西师范大学出版社

·桂林·

丛书总序

　　放眼全球，人类社会正经历着前所未有的老龄化进程。《世界人口展望（2019）》报告指出，2019 年世界 65 岁以上老年人口占比为 9.1%。这意味着全球总体上已经进入老龄化。根据联合国预测，到 2099 年，全球 192 个国家和地区的人口结构都将变成老年型。"银发浪潮"正在深刻改变世界人口结构和原有的生产生活状况。

　　自 19 世纪 60 年代法国最早步入老龄化以来，发达国家一直领跑老龄化进程，20 世纪六七十年代，发达国家已全部进入老龄化行列。目前我国老龄化程度仍低于发达国家，但明显高于世界平均水平。截至 2021 年底，我国 60 岁以上老年人口达 2.67 亿，占总人口的 18.9%；65 岁以上人口超过 2 亿，占总人口的 14.2%。14.2% 的占比标志着我国已经由轻度老龄化进入中度老龄化阶段。未来15年，我国将进入老龄化急速发展期，预计到2025年，我国60岁以上老年人口将突破3亿，占比超过20%；2035年将突破4亿，占比超过30%，进入重度老龄化阶段。老龄问题涉及政治、经济、文化和社会生活等诸多领域，是关系国计民生和国家长治久安的重大社会问题，对经济运行全领域、社会建设各环节、社会文化多方面乃至国家综合实力和国际竞争力都具有深远影响。

党的十八大以来，以习近平同志为核心的党中央高度重视老龄工作，做出一系列决策部署，统筹推进老龄事业和产业发展。党的十九届五中全会将积极应对人口老龄化确定为国家战略。党的二十大报告指出，要"实施积极应对人口老龄化国家战略，发展养老事业和养老产业，优化孤寡老人服务，推动实现全体老年人享有基本养老服务"。《中共中央 国务院关于加强新时代老龄工作的意见》要求，将老龄事业发展纳入统筹推进"五位一体"总体布局和协调推进"四个全面"战略布局，把积极老龄观、健康老龄化理念融入经济社会发展全过程，加快建立健全相关政策体系和制度框架，大力弘扬中华民族孝亲敬老传统美德，促进老年人养老服务、健康服务、社会保障、社会参与、权益保障等统筹发展，推动老龄事业高质量发展，走出一条中国特色积极应对

丛 书 总 序

　　放眼全球，人类社会正经历着前所未有的老龄化进程。《世界人口展望（2019）》报告指出，2019 年世界 65 岁以上老年人口占比为 9.1%。这意味着全球总体上已经进入老龄化。根据联合国预测，到 2099 年，全球 192 个国家和地区的人口结构都将变成老年型。"银发浪潮"正在深刻改变世界人口结构和原有的生产生活状况。

　　自 19 世纪 60 年代法国最早步入老龄化以来，发达国家一直领跑老龄化进程，20 世纪六七十年代，发达国家已全部进入老龄化行列。目前我国老龄化程度仍低于发达国家，但明显高于世界平均水平。截至 2021 年底，我国 60 岁以上老年人口达 2.67 亿，占总人口的 18.9%；65 岁以上人口超过 2 亿，占总人口的 14.2%。14.2% 的占比标志着我国已经由轻度老龄化进入中度老龄化阶段。未来15年，我国将进入老龄化急速发展期，预计到2025年，我国60岁以上老年人口将突破3亿，占比超过20%；2035年将突破4亿，占比超过30%，进入重度老龄化阶段。老龄问题涉及政治、经济、文化和社会生活等诸多领域，是关系国计民生和国家长治久安的重大社会问题，对经济运行全领域、社会建设各环节、社会文化多方面乃至国家综合实力和国际竞争力都具有深远影响。

党的十八大以来，以习近平同志为核心的党中央高度重视老龄工作，做出一系列决策部署，统筹推进老龄事业和产业发展。党的十九届五中全会将积极应对人口老龄化确定为国家战略。党的二十大报告指出，要"实施积极应对人口老龄化国家战略，发展养老事业和养老产业，优化孤寡老人服务，推动实现全体老年人享有基本养老服务"。《中共中央 国务院关于加强新时代老龄工作的意见》要求，将老龄事业发展纳入统筹推进"五位一体"总体布局和协调推进"四个全面"战略布局，把积极老龄观、健康老龄化理念融入经济社会发展全过程，加快建立健全相关政策体系和制度框架，大力弘扬中华民族孝亲敬老传统美德，促进老年人养老服务、健康服务、社会保障、社会参与、权益保障等统筹发展，推动老龄事业高质量发展，走出一条中国特色积极应对人口老龄化道路。

中国老龄事业发展基金会是国家卫生健康委员会领导下的为老年人服务的全国性慈善组织。其主要任务是：认真贯彻党和国家积极应对人口老龄化的决策部署，弘扬中华民族敬老、爱老、助老的传统美德，争取海内外关心中国老龄事业的团体、人士的支持和帮助，协助政府积极推进中国老年社会福利、医疗卫生、文化体育、老年教育等各项事业的发展，维护老年人合法权益，帮天下儿女尽孝，替世上父母解难，为党和政府分忧。

为践行积极老龄观、健康老龄化理念，贯彻落实党和国家关于促进老年人社会参与，扩大老年教育资源供给，将老年教育纳入终身教育体系，构建老年友好型社会等精神，满足老年人越来越多的阅读需求，中国老龄事业发展基金会与广西师范大学出版社联合打造了这套《50岁开始的"你好人生"》丛书，旨在为更多的老年朋友营造书香生活氛围，提供实用有效的老年生活指南。本丛书以50岁以上人士为主要阅读对象，针对老年人日常生活各方面的需求，解决老年人的困惑，丰富老年人的生活，帮助老年人适应变化迅速的现代社会，让老年生活更为方便、多彩、有价值。

2022年首届全民阅读大会增设了"银龄阅读分论坛"，论坛指出，老年阅读是全民阅读的重要组成部分，是需要全社会重视、关心和引导的重要领域。满足老年人多样化、个性化的阅读，打造更多可读性、针对性、实用性强的出版物，中国老龄事业发展基金会愿为"书香银龄"的目标贡献绵薄之力。

中国老龄事业发展基金会

于忠伟

前　言

　　随着国民平均寿命的延长和生活水平的提高，人口老龄化将成为一个普遍的社会现象。随着改革开放后第一批接受过高等教育的人群进入老年，老年人在精神文化生活方面的需求亟待解决。"老有所读"是"老有所养"的一个重要方面，是对老年精神生活的重要慰藉和填充。老年人在退休之后，会有更多的闲暇时间来充实自己的精神生活，有很多人甚至从年轻时就一直保持着阅读的习惯，以便在繁忙的工作中获得精神的放松和愉悦，更新自己的知识体系，活到老学到老。《50岁开始的"你好人生"》丛书，以即将进入和已经进入老年的朋友们为主要读者，针对老年人日常生活各方面的需求，解决老年人精神和生活中的具体困惑，帮助老年人适应变化迅速的现代社会，让老年生活更为方便、多彩，为老年朋友获得老年生活的幸福感出一份力。

《养老方式选择多》是写给老年人的多样化养老方式建议之书。当迎来长寿时代，老年朋友到底应如何选择适合自己的养老方式？本书针对不同情况的老年人，在居住与养老方式上给出了不同的建议，探讨了"旅居养老""居家养老""机构养老""养老社区"等几大养老选择及其对应的条件、利弊。随着社会的发展和养老资源的多样化，政府、老年人自身或是家庭成员、其他社会成员等共同提供养老资源日趋现实化，养老方式也日趋多元化。本书提出多种养老方案并分析其利弊，可以循序渐进地开解老年人的困惑，帮助他们选择去哪里养老，让他们能够结合自身情况来做养老方案，帮助他们适应变化迅速的现代社会，让长寿时代的老人们能够选择适合自己的健康生活方式。

目 录

第一章 长寿时代的老年生活 / 1

　　一、人类进入长寿时代 / 3

　　二、养老模式更加多样 / 7

第二章 老年活动：老年人的健康生活方式 / 11

　　一、健康基石 / 14

　　二、终身学习 / 20

　　三、休闲娱乐 / 26

　　四、体育锻炼 / 32

　　五、社会参与 / 37

第三章 旅居养老：多样化养老体验 / 45

一、什么是旅居养老 / 48

二、候鸟式旅居养老 / 54

三、乡村式旅居养老 / 57

四、选择适合的模式 / 61

（一）不同目标的旅居养老 / 62

（二）不同居住类型的旅居养老 / 65

五、旅居要不要抱团 / 68

第四章 居家养老：社区服务助力在家养老 / 73

一、家庭养老 / 76

二、居家养老服务 / 86

三、社区卫生服务 / 95

四、互助养老 / 99

第五章 机构养老：专业化照料服务 / 105

一、养老院的类型 / 108

（一）公办养老院 / 民办养老院 / 108

（二）照料型养老院 / 护理型养老院 / 111

（三）养老院 / 护理院 / 医养结合养老院 / 114

（四）养老院 / 家庭照护床位 / 116

（五）安宁疗护 / 临终关怀 / 118

二、何时要住养老院 / 123

三、怎样选择养老院 / 126

（一）照料型还是护理型 / 126

（二）养老院的服务质量 / 127

（三）位置和价格 / 128

四、适应养老院生活 / 130

（一）与家人的关系 / 131

（二）与同伴的关系 / 133

（三）与护理员的关系 / 135

第六章 养老社区：一站式养老服务 / 139

一、什么是养老社区 / 141

二、如何选择养老社区 / 147

第七章 过一个有意义的晚年 / 153

一、尽量保持独立性 / 155

二、正确看待依赖性 / 158

三、爱赋予生命意义 / 161

第一章

长寿时代的老年生活

一、人类进入长寿时代

与 20 世纪初期相比，20 世纪末人类寿命平均增加了 30 岁。这是人类社会发展进步的标志之一，也因此，1999 年时任联合国秘书长的安南提出，人类进入了"长寿时代"。从世界范围看，发达国家居民比发展中国家居民的寿命更长。日本是目前世界上最长寿的国家，2019 年的人均预期寿命为 83.7 岁；第二名是瑞士，第三名是新加坡，都超过 83 岁。中国人的寿命也在不断延长。中华人民共和国成立初期，我国居民的平均寿命只有 39 岁，改革开放初期，1981 年延长到 68 岁，到 2020 年增长到 77.9 岁。预计到 2030 年，我国居民的人均预期寿命将增长至 79 岁，接近目前较发达国家的水平。

我们通常把人的一生分成三个阶段，每个阶段完成一定的人生任务。第一阶段是儿童和青少年时期，这个阶段的主要任务是学习；第二阶段是青壮年时期，这个阶段的主要任务是工作；第三阶段是老年期，一般以退休为标志。以往人们通常认为，退休后的主要任务就是休息养生，安享晚年。然而，当人类进入长寿时代以后，这样的划分显然已经不合时宜了。

这里我们只说老年期这个阶段。世界各国大多以退休年龄作为一个人进入老年期的标志，发达国家通常为65岁，我国和大部分发展中国家通常是60岁，据此把65岁或60岁及以上的人口都统计为老年人口。这个标准显然是在人口寿命普遍不高的年轻型社会制定的。人口老龄化成为全球趋势后，世界卫生组织提出了新的年龄分段：44岁及以下为年轻人，45岁到59岁为中年人，60岁到74岁为年轻老年人，75岁到89岁为老年人，90岁及以上为长寿老人。我国现行的退休制度还是20世纪50年代制定的，那时中国人的平均寿命只有50岁左右。按照《劳动保险条例》（1951年）和《国家机关工作人员退休处理暂行办法》（1955年）的规定，男工人和女工人的退休年龄分别是 60 周岁和 50 周岁，男干部和女干部的退休年龄分别是 60 周岁和 55 周岁。发展到现在，我国的人均寿命已经增加了二三十岁，还继续沿用六七十年前对于老年期的规定，显然已经不再恰当了，这也是近年来国家一直在探讨制定新的延迟退休制度的原因之一。

在人类普遍长寿的时代，如果把延长的生命阶段都归入老年期，会带来很多消极后果。最明显的一点就是，认为老年人增多会加重国家的负担，国家要给越来越多的老年人发放养老金，还要提供医疗保障、生活服务、健康服务等，因此老年人拖累了国家经济的发展。但实际上，寿命的延长不仅仅是老年期延长了，人生的每一个阶段都在延长。和传统社会相比，现在人们的儿童期、青少年期、中年期和老年期等各个时期，都不同程度地延长了。

广泛的长寿大大改变了我们的生活，让我们面临很多新的问题。比如现在高龄老年人越来越多，照顾老人成为家庭和社会都要应对的重要问题。当我们 60 岁时，我们的父母也许已经是耄耋老人。除了规划自己的生活，我们还要照料更年老的父母。我们的子女正值青壮年，成家立业后生儿育女，努力工作以谋求职业发展，可能也需要我们帮忙照看幼小的孙辈。而等我们到了需要照顾的时候，子女或许不在身边，或许忙于工作，或许也要帮忙照顾孙辈。也许照顾我们的不再是儿女和家人，而是不熟悉的陌生人。也许我们不可能一直住在家里，而要住进养老院，在那里走完人生最后一段旅程。总之，延长的晚年意味着更多的选择、更广阔的空间、更丰富的生活体验，以及更多的未知和挑战。

二、养老模式更加多样

在人类进入长寿时代以前，退休就意味着可以回家养老了。但在长寿时代，老年期大大延长了，退休后的生活可以分成多个时期，每个时期有不同的特点。然而，这是怎样一个"延长的老年"呢，怎样才能更好地度过这个特别的阶段呢？虽然每个人都是第一次当"老人"，但观察身边人们的生活，我们可以看到，60 岁以后仍然可以是一个积极活跃的人生阶段，老年人不必急于安享晚年，而是可以有更多的选择。老年时间的延长，也拓展了老年人的生活空间，让他们有机会去体验更加丰富多彩的生活，甚至开创出人生新的高峰。

延长的老年期可分为两大阶段：

第一阶段是独立性较强的活跃老年期，是指低龄和健康状况较好的阶段。在这个阶段，老年人可以根据自己的能力和喜好，参加休闲娱乐、文化体育、生产劳动、社会公益等各种各样的活动。老年人可以住在家里，也可以在特定时节到更舒适宜人的地方居住，也就是所谓的"旅居养老模式"。

第二阶段是依赖性增强的辅助养老期，在这个阶段，老年人需要他人更多的扶助。不仅可以由家人照料，同时还可以寻求社会服务的支持。老龄社会的发展给老年人提供了更多的选择，除了传统的家庭养老，还出现了很多新的养老模式。住在家里的老年人，可以接受社区提供的居家养老服务；如果家庭照顾失能老年人有困难，老年人可以住进养老院，享受专业的照料服务；如果条件允许，老年人在任何阶段都可以入住养老社区（针对退休者的生活社区），享受一站式、连续性、个性化的养老服务。

总之，长寿时代的养老模式越来越多样化，老年人可以根据自己的情况，在老年期的不同阶段，选择最适合自己的生活模式。在活跃老年期，老年人可以拥有比以往任何时期更多的自由和选择，这是本书第二章的主要内容。按照老年人的居住地和所享受的服务类型,现在主要的养老模式可以分成四大类,分别是旅居养老、居家养老、机构养老和社区养老。同时,从旅居养老到机构养老也显示了老年人从活跃老年期到辅助养老期拥有的不同选择,而养老社区则提供了一个综合性方案。本书的第三章到第六章,将分别对上述四种养老模式给予介绍。本书的第七章则会讨论怎样度过一个有意义的晚年,供大家参考。

第二章

老年活动：老年人的健康生活方式

按照传统观念，老年期是生命的最后阶段，主要任务就是安享晚年。但在长寿时代，活得更长、更健康，不再是少数人的事，而是每个人都可能实现的目标。长寿延长了生命的长度，也拓展了生命的广度。退休并不意味着开始了"养老"生活，生活的重心也不是只有休息和养生，而有了更加丰富的内涵。老年期和年轻时期一样，是独特而珍贵的生命阶段。尤其是对低龄和健康状况较好的老年人来说，不仅可以拥有丰富多彩、快乐有趣的个人生活，还可以继续为家庭和社会做出贡献。

一、健康基石

毋庸置疑，拥有一个健康的身体对所有人来说都是非常重要的。和年轻人相比，老年人更加重视健康。一方面，这是因为随着年龄增长，老年人的身体机能确实比年轻时有所减退。每个人在中年以后可能都有不同程度的体会，比如感到体力和精力不如从前了，一些身体指标不那么"健康"了，因此开始为健康问题而焦虑。另一方面，退休后有了更加充足的时间，可以认真思考如何才能改善自己的健康状况，延缓衰老，减少罹患严重疾病的风险。如果已经得了某种慢性病，就更要用心制订健康改善计划，控制病程的发展，避免发生更严重的后果。可以说，维护健康是各个年龄阶段的人都应该重视的大事，老年人更加需要关注，也更有动力去主动改善自身的健康状况。

过去人们总是认为，身体没有病就是健康。随着社会的发展和人类认识的提高，关于健康的观念发生了改变，健康的标准也在不断变化。现在新的共识是，健康不仅是身体没有疾病，还包括心理健康和社会适应良好。对于老年人健康，目前国际社会普遍认为，最好的测量指标不是身体的病理改变，而是身体功能的适应能力。

按照中华医学会老年医学分会提出的《中国健康老年人标准（2013）》，老年人健康主要体现在五个方面：

（一）重要脏器的增龄性改变未导致功能异常；无重大疾病；相关高危因素控制在与其年龄相适应的达标范围内；具有一定的抗病能力。

（二）认知功能基本正常；能适应环境；处事乐观积极；自我满意或自我评价好。

（三）能恰当处理家庭和社会人际关系；积极参与家庭和社会活动。

（四）日常生活活动正常，生活自理或基本自理。

（五）营养状况良好，体重适中，保持良好生活方式。

这套标准突出了老年人身体指标和其他年龄群体的不同，强调功能维持的重要性，特别强调把相关高危因素控制在与年龄相适应的达标范围内。

也就是说，考虑到老年人身体的特点，即使罹患疾病，只要是在可控范围内，或能维持基本日常生活，仍然可以看作是健康老年人。总之，新的健康观念告诉我们，医学治愈只是一个方面，对老年人来说，更重要的是健康生活方式和终身保健。

健康生活方式对于老年人保持身心健康至关重要。1992年，世界卫生组织发表了《维多利亚宣言》，在总结世界预防医学最新成果的基础上，提出了健康四大基石：（一）合理膳食；（二）适量运动；（三）戒烟限酒；（四）心理平衡。这四大基石构成了健康的生活方式，坚持实施能使高血压风险降低55%，脑卒中风险降低75%，糖尿病风险降低50%，肿瘤风险降低33%，平均预期寿命延长10年。

所谓合理膳食，是指营养均衡、科学搭配、适量适时。要做到合理膳食，就要通过饮食获取身体所需要的各种营养，同时可以根据自己的身体状况补充特定的营养元素，增强抵抗力。中国有句俗语"有钱难买老来瘦"，因此有的老年人严格控制饮食，生怕发福发胖。实际上，肥胖固然不好，但过于消瘦同样有害，譬如体重过轻会增加患骨质疏松和消化系统疾病的风险。现在人们一般用体重指数（BMI）来衡量自己的体重是否正常。BMI的计算方法是：$BMI=体重（公斤）\div身高（米）^2$。对成年人来说，体重指数在18.5~23.9之间都是正常的，体重指数大于24为超重，大于28为肥胖。对老年人来说，由于人体代谢能力减弱，比年轻时稍胖是正常现象，不必过于担忧。

适量运动可以延缓衰老，防治和改善老年人的慢性疾病，从而达到促进健康的作用。我国自古就有养生锻炼的传统，随着积极老龄化观念成为社会共识，体育健身活动作为促进老年人身心健康、防治慢性疾病的重要手段，变得更加深入人心。老年人可以根据自己的身体情况，选择安全有效的运动方式，比如走路、慢跑、游泳、打拳、球类运动、跳舞等。同时要注意，如果操作不当，老年人的体育健身活动具有一定的风险性。所以，一定要按照老年人体育活动指南，科学锻炼、安全运动。

戒烟限酒，是指戒除吸烟和限量饮酒。吸烟是非传染性疾病最重要的危险因素，不仅会增加罹患肺癌等疾病的风险，也会导致某些机体功能丧失，还可能干扰药物作用。二手烟的危害同样重大，尤其是对于患有哮喘和其他呼吸道疾病的老年人来说。虽然人们早已意识到吸烟对健康的危害，但是很多人仍然无法抗拒尼古丁的吸引力。烟草对人体的损害是一个缓慢的过程，且在这个过程中逐渐成瘾。饮酒虽然不必像吸烟那样完全戒除，但一定要限量饮用。根据全国老龄办和国家卫计委发布的《中国老年人健康指南》，建议的每天饮酒的酒精含量，男性不超过25克，女性不超过15克。25克酒精含量相当于高度白酒1两，或红酒200毫升，或啤酒750毫升。

心理平衡，就是保持良好的心态。世界各地对长寿老人的研究发现，遗传因素、饮食习惯、性格特点、生活环境、医疗卫生条件等都对长寿有不同程度的影响。在这些影响因素中，不乏彼此冲突的地方。比如有的长寿老人坚持运动，有的却偏好静养；有的饮食清淡，有的却少有禁忌。但在保持良好心态这一点上，所有的长寿老人是高度一致的。心态好的人善于调节自己的情绪，更容易从烦恼中解脱、从压力下恢复。而心态不好的人更容易受到不良刺激的干扰，进而影响机体生化代谢，降低人体免疫功能。大量研究显示，性格开朗、心理健康的人患病率比较低；即使得了病，治疗效果也比较好。因此，老年人不要压抑心中的怨愤和哀伤，有了心事最好能找值得信任的人倾诉，同时也要反思自己的言行是否妥当，化解郁结在心中的负面情绪。

二、终身学习

我国古代的"药王"孙思邈曾说"德行不克，纵服玉液金丹未延寿"（出自《备急千金要方》），意思是说，如果一个人的道德品行不佳，就是服用玉液金丹，也不可能延长寿命。在生活中，人们常常会说"仁者寿"（出自《论语》），意思是怀有仁爱之心的人更加长寿。根据儒家的观点，仁者就是德者，即道德高尚的人，而要成为道德高尚的人，一生都需要修行。中国传统文化极其重视修身，儒家经典《大学》的第一篇就指出"自天子以至于庶人，壹是皆以修身为本"，这是说，从天子到平民，人人都要以修养品性为根本。修身离不开学习，人在一生中的任何阶段，都要通过学习不断完善和提升自己。

在现代社会，终身教育的观念已经深入人心。20

世纪 70 年代，联合国提出了终身教育和建立学习型社会的概念。我国的《教育法》把终身教育制度确定为教育的基本制度之一。《老年人权益保障法》规定："老年人有继续受教育的权利。国家发展老年教育，把老年教育纳入终身教育体系，鼓励社会办好各类老年学校。"2021 年中共中央、国务院印发《关于加强新时代老龄工作的意见》，提出扩大老年教育资源供给、搭建全国老年教育资源共享和公共服务平台，这对我国老年教育的发展是一个强大的推动力。

提到老年教育，人们首先想到的就是老年大学。1983 年，我国第一所老年大学——山东省红十字会老年大学（后更名为山东老年大学）建立。一直以来，老年大学（学校）都是我国老年教育的最主要形式。一般区（县）级以上的称为"老年大学"，以下的称为"老年学校"。在国际社会，老年大学又称为"第三年龄大学"。"第三年龄"的概念是由法国第三年龄大学的创始人之一彼得·拉斯里特（Peter Laslett）提出的。他根据年龄将人的一生分为四个阶段：第一年龄为儿童年龄，这时候个体还不独立，处于接受教育的阶段；第二年龄为劳动年龄，个体独立，并且参加工作；第三年龄是自我实现年龄，个体相对健康、生活自理，既有丰富的知识经验，又有足够的时间，可以发挥潜能，达到自我实现；第四年龄为依赖年龄，个体自理能力较差，需要依赖他人。第三年龄大学是针对处于第三年龄阶段的人进行的教育。

不过，从终身教育的观点看，老年教育不仅包括比较正规的老年大学（学校）教育，还包括许多非正规的教育形式，比如参加社区组织的各类文化活动，或自己结成各种兴趣小组，建立起老年人学习共同体。我国的老年人越来越多，但目前老年大学（学校）的数量还比较少。比较而言，社区的文化教育活动和老年人学习共同体能惠及更多想学习的老年人。如可以利用老年人活动中心、居家养老服务中心等场所开展活动，为有学习愿望的老年人提供更多的学习场所、创造更多的学习机会。老年人自发组织的"学习共同体"特别值得倡导。如果外部条件不具备，老年人还可以通过自我组织、自我教育、自我管理等方式，开展各种各样的学习和文化活动。

关于老年人学习，还有一些观念误区需要澄清。比如有的人认为，老年人的年龄大了，学习能力下降了，学习对他们来说是一件非常困难的事。还有的人认为，老年人辛苦了一辈子，退休后就是应该休息，没有必要再去学习。这些都是对老年人学习的误解，让我们来一一解释。

首先，老年人仍然有学习的能力。心理学一般将人的智力分为流体智力和晶体智力两大类。流体智力是以生理为基础的认知能力，随着年龄增长而逐渐下降。晶体智力主要指掌握的技能、语言文字能力、判断力等，晶体智力相对稳定，有的甚至随年龄增长而上升。而且，老年人之间的个体差异很大，年龄增长并不必然伴随着智力水平下降。一般来说，性格开朗、乐于参与、善于合作的老年人，其智力水平保持得比较好。实际上，继续学习能促使老年人多用脑，不断进行听说读写等认知能力的锻炼，对于延缓脑部老化、预防老年痴呆等认知障碍性疾病，都是非常有帮助的。

其次，退休后继续学习是非常必要的。和以往的时代相比，我们现在生活的时代变化很快，社会发展日新月异，一个人必须不断学习，才能跟上社会发展的速度。因此，在长寿时代，学习不再局限于青少年阶段或者职业生涯中，而是持续整个一生的活动。这样的学习发生在老年生活的各个领域。以最受关注的健康领域为例，人们都希望活得更长，但只有健康的长寿才是人们追求的目标；如果只有长寿而不健康，长寿就会变成一场灾难。只有不断学习与健康相关的知识，养成良好的生活习惯，才能让自己尽量长久地保持健康状态，让晚年生活更有尊严。再以社会参与为例。众所周知，积极参与社会生活有益于老年人的身心健康，但只有不断学习，不断充实和提升自己，才能掌握适应社会的新知识和新技能，才有机会继续参与自己喜欢的社会活动。

甚至在家庭生活中，老年人也需要不断学习。比如不少中低龄老年人在儿女结婚生育之后，马上投入隔代照顾当中，帮子女照看孙辈。虽然这不是老年人必须承担的责任，但由于心疼子女工作压力大，很多父母还是尽自己的能力帮助孩子。在三代共居的家庭中，父母和子女对于孙辈的养育有着不同的方式和观点，两代人之间难免产生冲突和矛盾，这让帮忙的老年人感到非常郁闷。同时，确实有一些子女自立意识不足，认为父母的帮助是理所当然的，这也往往令老年人感到非常不满，但又无可奈何。这些问题都值得认真思考和学习。不少老年大学已经开设了隔代教育课程，帮助老年人梳理和面对这些难题。

总之，在更加长寿的人生中，终身学习是一门必修课。与以往相比，现代老年人更加重视精神文化生活，更加希望实现自我价值，过有意义的晚年，这已经成为越来越多老年人的自觉和需要，而这些都需要通过不断学习才能够实现。

三、休闲娱乐

中国社会特别重视家庭，家族文化是中国文化的核心。老年人受传统文化影响深远，他们通常比年轻人更加看重家庭生活。退休后，不少老年人卸下工作重担，把全部精力都投入家庭中。这体现了老年人强烈的家庭责任感和自我牺牲精神，但同时也很容易把自己的人生价值全部寄托在家人身上，从而失去了自我。这样说不是否定为家人无私付出，而是说在关注家庭的同时，老年人也要有自己的个人生活。如果把全部注意力都倾注在家人身上，当生活不遂人意的时候，也往往容易迁怒家人，给家人和自己都造成痛苦。所以，为了自己和家庭的幸福，老年人一定要有自己的生活、自己的兴趣、自己的朋友。只有自己过得充实愉快，家庭生活才能更加和谐美满。

退休后，老年人比在职的中青年人有更多的可以自由支配的闲暇时间。在人生的不同阶段，闲暇时间的多少主要是由工作时间和家务时间占用多少来决定的。相对于青少年和中年人，老年人的闲暇时间比较多。在这个意义上，老年人更加富有，也更加自由。因此，在这个阶段，特别是在身体状况比较好的时候，一定要好好珍惜，可以去做一些以前想做而未能做的事情，也可以去更多以前想去而未能去的地方，使自己的人生更加丰富多彩。

老年人的休闲活动多种多样。可以重拾以往的兴趣爱好。有的人一直都很喜爱音乐、戏曲、舞蹈、书法、绘画、摄影、收藏等，但以前因为工作忙碌而无暇顾及。退休后，有了更多的闲暇时间，他们才得以重拾往日兴趣。也有的人在亲朋好友的影响下，发现了新的兴趣爱好，这让平淡的退休生活更富有挑战、变化和惊喜。这些新的爱好当中，有些是随着社会发展新近才出现的，比如自媒体和短视频制作；还有的是因以前没有机会或条件不具备而未曾尝试的，旅游就是一个典型的例子。随着老年人物质生活水平不断提高，旅游成为老年休闲生活的一个新潮流。多项行业调查都显示，50 岁及以上的中老年人中"有闲又有钱"的群体，正在成为我国旅游业的主要消费者。

现在人们的旅游方式一般可分为跟团旅行和自由行两大类。对于老年旅行者来说，跟团旅行的好处是比较省心，旅行团会安排好所有出行环节，参与者只要专心享受旅行本身就行了。鉴于老年人不断高涨的旅游热情，很多旅行社都推出了老年旅游项目，设计更适合老年人的行程，包括配备随团医生，安排适宜的交通、食宿、活动等。但跟团旅行的缺点是，旅行团的日程安排未必都合乎自己的心意，可能或多或少都有觉得不够完满的地方。自由行的最大特点当然就是自由，整个行程，选用哪种交通方式、住什么样的酒店、去哪里吃饭、去哪些景点参观、往返时间安排等，都可以按照自己的喜好和消费预期来计划。但与此同时，自由行对旅行者的要求也比较高，比如要具备较好的统筹规划能力，能熟练获取网络资讯等。如果是和朋友结伴的自由行，一起出行的成员当中，至少有一个人要具备上述能力，或者几个人能够分工合作。

老年人出游最重要的是安全。在出游之前，除了根据自己的财务预期、健康状况制定周密的出行计划，还要做好充分的安全准备。有慢性病的老年人在出游前，最好进行必要的身体检查，在征得医生同意后方可出行，并带齐必备的药品。在出游中，老年人要根据自己的身体情况选择适宜的活动；选择安全的活动场所，避开各种安全隐患；合理安排活动时间，随天气变化适时对其进行调整。无论是跟团旅行还是自由行，最好能有伙伴同往。同行者可以是家人、朋友、同学等，相互照应、有事商量，更加安全。在旅行中，与家人和伙伴深入交流，还可以加深感情，让旅行变得更有意义。当然，也有的老年人享受独自旅行的快乐，就更要注重安全。

对一些热爱旅游的老年人而言，自驾游是一些活跃老年人喜爱的旅行方式。为适应人口老龄化的发展，以及人均预期寿命延长的现状，2020年10月，公安部宣布自2020年11月20起，取消申请小型汽车、小型自动挡汽车、轻便摩托车驾驶证 70 周岁的年龄上限。这意味着，考取驾照没有了年龄限制。驾照新政是适应老龄化社会的新举措，充分体现了年龄平等的原则，进一步拓展了老年人的活动空间。

总的来说，老年人参加休闲娱乐活动，不仅丰富了生活，还有很多其他积极作用。如促进老年人的身心健康，延缓功能衰退和认知能力下降；扩大朋友圈，老朋友之间的情谊更加深厚，还有机会结交更多志同道合的新朋友；帮助老年人实现自我价值，使生活更加充实、更有意义。

值得一提的是，随着智能手机的普及，越来越多的老年人学会使用互联网，手机成为他们日常生活中最主要的资讯来源。与此同时，手机也成为老年人重要的娱乐和社交工具。他们通过手机聊天交流、组织活动、展现自我，让生活更加丰富有趣。但也有一部分老年人开始沉迷于网络，几乎把全部时间都花在看手机上，不仅影响了正常的生活，更损害了自己的健康。需要提醒这些老年人：虽然空闲时间多了，但还是要增强自控能力，合理安排上网时间；注意用眼健康，避免在光线过强或昏暗的环境下长时间使用手机，睡前看手机时间不宜过长等。长时间使用手机不仅可能引起视力损伤、颈椎和手部关节疼痛等身体健康问题，还可能导致网络依赖等心理健康问题。还有的老年人在网上过度消费，如受广告营销影响，购买了大量无用的保健品或所谓的打折商品，囤积在家里，甚至由此引出家庭矛盾和人际冲突。这些都是需要尽量避免的。

四、体育锻炼

　　说到体育，人们往往认为这和老年人没什么关系，其实并非如此。之所以有这样的误解，很大程度上是因为混淆了竞技运动和身体锻炼这两个概念。现代社会的体育，一般包括竞技运动和身体锻炼两大部分。参加竞技运动一般需要接受一定的专业训练，参与者大多是职业运动员或能够较好地掌握某项运动技能的体育爱好者。身体锻炼则是每个人都可以参加的，更无须区分参加者的年龄大小。老年体育一般是指老年人的身体锻炼，通过一定的训练，达到增强体质、保持健康、延年益寿的目的。我们在前面提到的健康四大基石之一"适量运动"，就是指老年人应该根据自己的身体状况，参加适宜的体育锻炼活动。

　　中国自古就有养生锻炼的传统，如太极拳、八段锦等，都是适合老年人的锻炼方式。随着积极老龄化观念成为社会共识，体育健身活动作为促进老年人身心健康、防治慢性疾病的重要手段，更加深入人心。正是因为适当运动对老年人身心健康的正面作用，老年人参加体育活动一向被社会所鼓励。尤其是在人口老龄化社会，开展老年体育活动还具有提高群体健康水平、抑制医疗支出攀升、缓解国家社会保障压力的作用。

我国政府非常重视老年体育，早在 2000 年，国家体育总局就发布了《老年人体育工作发展规划》，要求在城乡修建适合老年人体育健身的场地和设施，开展适合老年人特点的体育示范活动。2015 年，国家体育总局等部门联合印发了《关于进一步加强新形势下老年人体育工作的意见》，要求做好老年人体育工作，充分发挥体育在应对人口老龄化、推进全民健身事业全面发展过程中的积极作用。在政府的重视和支持下，我国的老年体育健身设施和场地建设发展得很快，老年人可用于体育锻炼的公共设施的利用率也比较高。

老年人参加体育运动的主要目的是强身健体、延缓衰老、增进健康。老年人可根据自己的喜好和身体状况，选择适合的项目参与。一般来说，在达到锻炼效果的基础上，兼具娱乐性和社交性的活动项目更能吸引老年人参加。娱乐性较强的活动使老年人感到轻松愉快，而社交性较强的活动为老年人扩大社会交往面提供了机会。老年人在参加体育锻炼的同时，还能结识朋友、扩大社会交往面，一举多得，何乐不为。广场舞就是这种综合性体育活动的典型代表，因此受到广大老年人的喜爱。

广场舞是一种集健身和娱乐为一体的体育舞蹈，非常符合老年人对于体育活动的需求。

首先，广场舞易于开展、参与和坚持。对于组织者来说，广场舞对场地的要求不高，所需要的设备也比较简单，通常只需要一个播音器。对广大参与者来说，广场舞的动作简单易学，对体能的要求也不高，大部分老年人都能很快掌握，这能让老年人产生兴趣和自信。

其次，广场舞兼具健身性和审美性。广场舞兼具舞蹈元素和体育元素，既能达到锻炼身体的目的，又具有一定的审美性，可以满足老年人特别是女性老年人保持身材和提升气质的需要。

最后，广场舞能提供社会交往的平台。广场舞是一项群众集体活动，它既是一项运动，又是一个媒介，参加的人会形成一个松散的集体，给老年人创造了交往机会。在这个过程中，老年人可以获得归属感，也加强了自我肯定。特别是对于空巢和独居的老年人来说，参加广场舞活动是一个结交朋友、扩大交往的好机会。

不仅是老年人，现在越来越多的人喜爱广场舞。参与者中不仅有大爷大妈，还有各个年龄层的广场舞爱好者。在专业人士的助推下，经过科学设计和创编的广场舞不断推陈出新，类别更加丰富，发展出健身舞、交谊舞、曳步舞、民族舞、古典舞等舞种。现在的广场舞，已经成为全民健身运动的重要组成部分。2017 年在天津市举办的第十三届全国运动会增设了群众比赛项目，广场舞成为其中一个项目。全运会一直是中国专业运动员比赛的舞台，但随着社会对体育价值和功能的认识逐渐改变，"全民全运"已经成为推进国家体育事业创新发展的新共识。

在这里，也必须提醒喜爱各类体育运动的老年人：随着年龄增长，一定要选择适合自己的运动方式，控制运动量和运动时间。如果盲目冒进，带来不可逆转的身体损伤，那就得不偿失了。为了保证运动效果和运动安全，应按照老年人体育活动指南科学锻炼、安全运动。

五、社会参与

　　每个人都是社会性的存在，不可能孤立地生活。因此，社会评价对一个人来说是非常重要的，这个评价往往也成为自我评价的依据。在职期间，工作成就是衡量一个人社会价值的主要标准，工作伙伴组成人们最主要的人际交往的圈子。退休以后，工作成就成了过往，与以往工作伙伴的距离越来越远，老年人难免感到失落，有的甚至产生自我否定的念头，认为自己没有用了。有的老年人虽然和子女住在一起，但是白天孩子们都出去上班、上学，晚上回家后也是各自忙碌，真正陪伴和聊天的时间并不多，老年人还是经常感到孤独寂寞。长此以往，老年人的身心健康必然受到影响。因此，退休以后，最好还是能够参与一定的社会活动。

　　2002 年，在西班牙马德里召开了第二次老龄问题世界大会。这次会议发起了有关老龄问题的国际行动计划——《2002年老龄问题国际行动计划》。为了推动和促进世界各国制订健康积极的老龄化行动计划，会后出版了《积极老龄化政策框架》，提出了积极老龄化的三个支柱：健康、参与和保障。现在，积极老龄化理念在世界范围内都得到了广泛认可，已经成为各国应对人口老龄化问题的指南。在积极老龄化的三个支柱中，人们对健康和保障的重要性都有比较深入的认识，相对而言，人们对于什么是老年人的参与、如何参与，了解得还不是很多。

所谓的"参与"是一个综合概念，大致可分为老年人在经济、社会、文化等几个主要方面的参与。经济参与主要和老年人的就业相关，指老年人从事经营和生产活动。社会参与主要是指老年人参与社会公益活动，如参与志愿服务等。文化参与主要是指老年人继续学习和休闲娱乐生活，前面已经作了介绍。接下来，着重介绍老年人的经济参与和社会参与。

在世界范围内，在老年人口数量迅速增长的同时，出现了劳动年龄人口不足的问题。在人口老龄化出现得比较早的发达国家，则通过延迟退休年龄、鼓励老年人就业等方式，减少人口老龄化对经济发展的负面影响。我国政府也一直在探索制定延迟退休的办法，同时鼓励老年人老有所为，积极参与社会发展。社会产业结构的调整、劳动生产方式的变化等，也在一定程度上增加了老年人从业的可能性。服务业的迅速发展，尤其是养老服务业的巨大需求和发展空间，已经吸纳了大量低龄活力老年人的参与。

从世界范围看，退休后继续工作已经成为越来越普遍的现象。近三分之一的新西兰人在 65 岁之后仍在工作，46% 的新西兰人有"退而不休"的打算。在日本，很多超过退休年龄的老年人仍然继续工作，比如当超市收银员、出租车司机、便利店服务员、机场引导员等。在韩国，65 岁以上的出租车司机占出租车司机总人数的 27.1%。在美国，55 岁以上的人口中，有 40% 仍然在工作或者正在积极找工作。美国老年人就业主要集中在教育、行政助理、护理、房地产经纪、销售、驾驶、神职、幼儿服务、高层管理、管理咨询等领域，这些行业特别适合经验丰富的老年人。

由于我国社会保障制度逐步完善，城乡居民养老保险制度基本建立，老年人整体收入水平也有所提高，因此近年来为增加收入而就业的老年人数量有所减少，但为了实现自我价值而继续就业的老年人数量有所增加。老年男性的在业率始终高于老年女性，但这种性别差距正在逐渐缩小。这一方面显示出老年女性的就业意愿在不断提高，另一方面也反映出更适合老年女性的服务业岗位逐渐增多。在条件允许的情况下，参与一定的经济活动对老年人是非常有益的。一是能够增加收入，改善自己和家人的生活，提高生活质量。二是能够促进健康、延缓衰老、减少孤独感。三是能令老年人觉得自己是"有用"的，这是对自我价值的肯定，使老年人保持更加健康的精神状态。

和参加经济活动不同，老年人参与志愿服务不以增加收入为主要目标，而更多地体现了老年人的社会责任感。1991 年联合国大会通过的《联合国老年人原则》提出了"独立、参与、照顾、自我充实和尊严"五项原则，其中"参与"的内容包括：老年人应能寻求为社会服务的机会，并以志愿者身份担任与其兴趣和能力相称的职务。在世界各国，老年志愿者都是一个很大的群体。在新加坡，老年志愿者被称为"乐龄义工"。德国有很多老人办的义工组织，比如家庭服务，老年人帮助在职家庭照顾幼儿、辅导孩子做家庭作业，帮助视力衰退者阅读书籍、读写信件、散步、外出参加活动或办理手续等。在德国的医院里，经常能看到一些身着绿色大褂的女士，被称为绿衣女士（男士）。她们不是医护人员，而是老年义工，带患者找到要去的诊室或病房，或帮助患者克服生理和心理上的困难等。

我国社会倡导老年人"老有所为"，就是鼓励老年人继续为社会做贡献。早期，这一倡导主要是针对老年群体中的高端人才而发出的，其中，"银龄行动"是开展时间较长、影响较大的全国性老年公益活动。2003 年 7 月起，全国老龄委按照国务院"西部大开发"的要求，组织医疗卫生、文化教育、农业科技等方面的老专家、老教授，开展援助西部的老年志愿行动，即"银龄行动"，吸引了大批离退休人员参加。随着我国人口老龄化进程的推进、老年人整体受教育程度和健康状况的提高，以及社会治理模式的转变，越来越多的老年人有能力、有意愿、有途径参与公共事务和公益事业，老年志愿者数量将会越来越多。

我国老年人参与社会公益活动的比例是比较高的。城市老年人参加的活动主要有：维护社区治安、社区卫生环境、文化科技推广等活动；农村老年人参加的活动主要有：协助调解邻里纠纷、帮助邻里、关心教育下一代等。近年来，在政策引导下开展的社区层面的互助养老实践中，更多老年人作为志愿者参与其中。互助养老建立在老年人互帮互助的基础上，通常是低龄老年人为社区内的高龄老年人提供服务。在帮助他人的过程中，通过给别人带来喜乐，老年人也收获了心灵的愉悦。

总的来说，老年人积极参与社会生活，既有益于经济社会稳定发展，又能为他人提供实际的帮助，还体现了老年人的社会责任感，有益于身心健康。更为重要的是，在社会参与的过程中，老年人能够更加切实地感受到自己的社会价值，激发出生命更深层次的意义。

第三章

旅居养老：多样化养老体验

随着经济社会快速发展，旅游成为我国老年人休闲生活中的一个新潮流，老年旅游者正在成为我国旅游业的主要消费者。在各类旅游项目中，那些气候宜人、风光优美的地方往往会给老年人留下特别美好的印象。有的人希望能在心仪的旅游地停留更长时间，有的人在条件允许的情况下，每年在一个或几个这样的地方住上一段时间。于是，短期旅游逐渐发展成旅居养老这种新的养老模式。

一、什么是旅居养老

所谓旅居养老，是指老年人来到常住地之外的某个地方旅行，并在那里连续生活一段时间，一般在一个月到半年左右。旅居养老具有明显的季节性特点，旅居地通常是自然环境优美、气候舒适宜人的地方。老年人住在那里，既能休闲养生，又能开阔视野，令人身心愉悦。

旅居养老最早发源于英国，后来在欧美、日本等发达国家流行起来。早在 18 世纪，英国就出现了旅居养老。但由于费用昂贵，当时这种生活方式只流行于贵族阶层。到 19 世纪末期，早期资本主义国家开始向福利国家转型，完善的养老保险和社会福利体系大大提高了人们的生活水平，越来越多的人得以加入旅居养老的行列。现在，旅居养老已经成为发达国家老年人中一种较普遍的生活方式。例如，美国很多退休老人冬季喜欢到温暖的佛罗里达过冬；北欧一些老年人季节性地来到意大利、西班牙、葡萄牙等国的养老旅游地居住；日本老年人则喜欢到亚洲其他国家如马来西亚、泰国等国长期居住，因为那里的生活环境舒适，而养老服务的价格比日本国内要低廉得多。

在国外的旅居养老中，旅居目的地一般具有以下几个特点：

（一）适宜的气候条件和自然环境。这对老年旅居者来说是最具吸引力的地方。如美国北方的老年人喜欢在冬天到南方旅居避寒，欧洲的老年人很喜爱地中海沿岸的美丽风景。

（二）旅居地通常有比较完备的医疗和照护服务体系。老年人特别重视健康，即使是低龄老年人，也需要一定的卫生保健服务。

（三）相对低廉的消费水平。在跨国旅居养老中，较发达国家的老年人愿意到发展中国家去，因为发展中国家的生活成本比较低，以同样的支出可以享受更高质量的服务。

得益于社会经济的快速发展，近年来我国的旅居养老产业发展得很快。特别是道路交通、住宿饮食、医疗卫生等相关配套服务的不断完善，使老年人能够舒适、安全地抵达目的地，并能在旅居地获得比较便捷、完备的生活服务。目前旅居养老在我国还是一种比较新型的养老方式，为老年人提供了一种全新的生活体验。今后，随着公共设施更加完善、宜居环境建设进一步推进，以及医保系统全国联网，旅居养老会更加方便安全，更多老年人可以尝试和体验这种新型的养老方式。

目前我国参加旅居养老的人，大部分是大中城市的退休者。随着生活水平不断提高，人们养老观念的转变，越来越多的老年人愿意走出家门，到不同的地方居住一段时间，体验不一样的自然和人文环境，享受不一样的生活带来的新奇和乐趣。"世界那么大，我想去看看"不再是年轻人的特权。退休不再是一件令人伤感的事，而意味着开启一段新的人生。事实上，退休老年人拥有更多的闲暇时间，在这个意义上，他们比年轻人更加富有。无论是退休不久的低龄老人，还是已经习惯退休生活的中高龄老人，只要经济相对宽松、健康状况良好，都可以尝试一下旅居养老。

随着我国人口老龄化的快速发展，老年人数量增加，特别是"新老年"群体的加入，使得旅居养老更具活力。现在我们所说的"新老年"群体，一般是指出生于20世纪50年代和60年代的老年人。和更年长的老年人相比，"新老年"群体的文化程度较高，健康状况较好，养老资金更充足，提高生活质量的需求更强烈，也更愿意尝试新的生活方式。

目前我国的旅居养老大多是内地跨省的旅居，也有香港和澳门的老年人到广东等内地省份养老。港澳的土地价格昂贵，照护人力也比较紧缺，很多老年人居住空间狭小，生活质量很低。以同样的价格，在广东等内地省份则可以居住得更加宽敞舒适，获得更好的照顾和服务。香港和澳门都算长寿之都，香港更是全球人均预期寿命最高的城市。人口加速老龄化对港澳的养老服务提出更高的要求，也给社会保障和医疗卫生等领域带来巨大压力。老年人到内地养老能够舒缓当地的养老压力，同时推动内地养老服务业的发展，是一件双赢的好事。这一做法也得到了国家政策的支持。2019 年中共中央国务院发布《粤港澳大湾区发展规划纲要》，特别提到要加强跨境公共服务和社会保障的衔接，支持港澳投资者在珠三角九市兴办养老等社会服务机构。未来，随着港澳和内地联系的进一步紧密，将会有更多的港澳老人选择到内地养老。

旅居养老不仅有益于老年人身心健康，对旅居地也有好处。首先，可以给当地带来一定的经济效益。老年人长期居住，必然会带动当地经济的迅速发展。老年人的亲朋好友会前来探访，这样又能吸引更多的人员来此地养老。其次，可以促进消费和服务业发展，推动城市形态革新。除了日常消费，有的老人还在当地进行固定资产投资。再次，可以创造更多的就业机会。旅居养老带来更多的就业岗位，因此受到大部分当地人民的欢迎。

旅居养老促进了老年旅居产业的快速发展，成为老龄产业中一个蓬勃发展的领域。旅居养老的进一步发展还有待养老相关政策和制度的继续完善，如完善基本医疗保险制度、实现门诊费用的跨省结算等，从而减少老年人旅居的各种阻碍。

二、候鸟式旅居养老

"候鸟式养老"是一种比较典型的旅居养老模式。老年人可以冬天"南迁",夏天"北漂",在不同的季节,到不同的地方生活一段时间。例如,在盛夏时节,到凉爽清净的避暑胜地消夏纳凉;严冬来临之前,奔赴温暖湿润的滨海城镇休息疗养。有的老人每年去不同的地方旅居,有的则到一个固定的地方旅居。旅居地一般是气候宜人、环境优美的中小城市。有的老人甚至在喜爱的旅居地购房置业,每年都来住一段时间,这就是半定居式的旅居模式。

候鸟式养老最鲜明的特点就是季节性,老年人像候鸟一样随季节更替而旅行。我国幅员辽阔,东西跨度广,南北温差大,地理和气候差异显著。无须走出国门,只要到不同的省份去旅游,就可以领略到多样化的生态环境和异域风情。喜爱旅游的老年人如果对某个地方情有独钟，可能希望多住一段时间。对不同地区的老年人来说，越是能够弥补常住地气候或环境不足的地方，越可能成为受到青睐的旅居地。这也是为什么北方的老年人喜欢在严寒的冬季南下避寒，南方的老年人则喜欢在炎热的夏季北上避暑。

避暑避寒旅居养老是最为常见的旅居养老模式。在我国的避寒胜地中，海南、广东、广西、云南、福建等地的一些中小城市，因气候和地理优势，成为很多北方老年人喜爱的旅居养老地。地处热带的海南是我国著名的旅居地，旅居者大多来自冬季严寒的北方。每年冬季来临之前，大量北方退休老人会前往三亚、珠海、防城港、昆明、厦门等南方城市过冬。随着这种新型养老模式受到越来越多人的喜爱，更多的南方城市开始着力打造适合养老的人文环境和生态环境，吸引北方老人前来旅居养老。哈尔滨、大连、青岛、大同、秦皇岛等北方城市则是著名的避暑胜地，同样受到很多老年人的欢迎。

　　候鸟式旅居养老模式之所以广受欢迎，主要原因在于，气温变化对老年人身体健康有着重要影响，严寒或酷暑对老年人的健康都有害处，适宜的气候有益于老年人的身心健康。在气候温暖的南方过冬，可以显著降低老年疾病的发病率，如慢性支气管炎等季节性疾病。但在这里也要特别说明，并非所有老年人都适合候鸟式旅居养老，如风湿病患者不宜到气候过于潮湿的滨海城市居住。此外，长途颠簸易疲劳者、身体调节机能较差者，有可能会引起内分泌失调、水土不服，以及其他疾病的发作，这些是有意进行旅居养老的老年人要特别注意的。

三、乡村式旅居养老

另一种典型的旅居养老模式，是乡村式旅居养老，也称为田园式旅居养老。乡村旅居地一般环境优美、空气清新，也有一定的养老服务资源。这种模式主要依托乡村的旅游资源，一般以休闲度假、体验生活为内容。

乡村式旅居尤其受到长期生活在城市的退休老人的喜爱。他们中的许多人一直怀有田园梦想，亲近自然是他们长久以来的期盼，乡间的静谧住宅是他们理想的养老居所。在乡村旅居的老年人中，有人是退休后回到自己的家乡，退隐乡间，优哉游哉，纾解了长久以来的乡愁。也有一些城市居民向往恬静的乡村生活，希望退休后到乡村居住，享受清新的空气、优美的风景、新鲜的食物。

乡村式旅居的另一个吸引人之处，是乡村生活的成本低于城市。这对于很多退休金不高但怀有田园梦想的老年人来说，是一个颇为理想的养老模式。有的是夫妇两人同来，有的是与志同道合的朋友相约，还有的是几个熟识的家庭组团，在条件适宜的乡村租房一起居住。

我国的乡村式旅居养老主要有两种形式，一种是居家式，另一种是社区租赁式。有的城市老人直接租住当地农户的房子，这种是居家式。有的则喜欢住进村里集中修建的养老小区，这种是社区租赁式。为了避免不必要的矛盾和风险，一般建议租赁比较规范的乡村养老社区。如果特别喜欢个性化的乡村生活，希望租赁村民的房屋，并按照自己的需要进行改造，则一定要注意与户主沟通，并签订具有法律效力的规范协议。

与比较成熟的城市旅居地相比，乡村式旅居养老的费用比较低廉，收入水平一般或者较低的城镇老年人也有能力支付。但同时也要注意，乡村旅居地的医疗水平普遍不高，生活服务等配套设施相对落后，道路交通的便捷程度也比较低。由于现在大多数乡村的养老服务还不完备，目前乡村旅居者还是以低龄健康老年人为主。

城市老年人回归田园的康养梦想，也给乡村发展带来了契机。国家提出"乡村振兴战略"后，很多地方政府开始主动引入乡村式旅居养老方式，进行乡村适老化改造和建设，以带动乡村经济、产业、基础设施等的发展，利用乡村的田园景观、农耕体验，以及特色风情等资源，吸引城市退休老人前来。乡村康养项目建设带动了当地集体经济的发展。在有条件发展乡村旅居的农村，一些年久失修的老房子被翻新改建成风格独特的乡村民宿，有的还建起了乡村养老社区。不过，作为乡村发展的一条道路，并不是所有的乡村都适合发展旅居养老。这种发展模式仅适用于一小部分临近城市、交通便捷、拥有较好的自然资源和文化特色的乡村。

新的发展模式给乡村带来更多的就业岗位，提高了村民的收入，因此得到大部分居民的认同和支持。但旅居老人在当地的生活中，仍然要注意处理好与村民的关系。一是不要干扰村民的生活，应遵守村规民约，尊重民风民俗，和当地居民建立起平等友善的关系。二是不要破坏当地的建筑物和自然环境，应尽量融入和欣赏乡村生活，避免为了个人偏好改造或影响乡村原貌。

四、选择适合的模式

　　前面介绍了两种最主要的旅居养老模式：候鸟式旅居和乡村式旅居。其实，按照不同的分类标准，可以区分出很多种不同的旅居养老类型。对于老年人来说，最重要的还是根据自己的需要，选择最适合自己的旅居模式。

　　按照老年人的旅居目标，可以把旅居养老分为三大类：度假旅居，疗养旅居，文化旅居。按照老年人在旅居地的居住模式，旅居养老则可分为两大类：自助式旅居和机构式旅居。当然，我们只是为了介绍得更加清楚才做出这样的分类。实际上，如果用心规划，几个旅居目标是完全能够同时达到的。

（一）不同目标的旅居养老

1. 度假旅居

度假旅居是最常见的一种旅居模式，其最主要的目标是休养调理、放松身心。对老年人来说，虽然退休以后的时间更加充裕了，但家里还是会有各种各样的生活琐事要做，比如家里的一日三餐、清洁卫生等，仍然是需要完成的日常生活任务。对于还需要帮忙照顾孙辈的老年人来说，日常生活更加繁忙劳碌，有时其工作并不比退休前的上班更加轻松。因此，在一年的某段时间里，老年人需要有一个完全属于自己的假期来放松身心、缓解疲劳。

度假旅居可以是候鸟式旅居或乡村式旅居，也可以是其他形式的旅居。因为是以度假为主要目标，所以最重要的是选择能让自己感到轻松愉快的旅居方式。在旅居地的选择上，可以根据自己的喜好来挑选，比如喜欢观光游览的老人，可以选择名胜比较集中的旅居地；喜欢悠闲放松的老人，可以选择清静舒适的非热门目的地。在时间的选择上，主要以根据家庭生活的时间表来安排，比如要照看孙辈的老人在孩子放寒暑假期间比较有空，就可以在那段时间安排旅居出行。

2. 疗养旅居

疗养旅居也可称为医疗旅居，其主要目的是疗养休息。老年人是慢性病的高发群体，大部分老年人都有一种甚至多种慢性病。慢性病不可治愈，但是可以控制病程的发展，延长健康生存时间。随着人们生活水平的提高、健康知识的普及，不少老年人有意识地到气候环境和医疗条件更好的地方调理身体。

传统的中医养生得到很多老年人的偏爱。以中医养生为核心的旅居养老以传统中医养生学为基础，是对中国非物质文化遗产的现代传承和应用。诸多旅居地生态环境良好，建有中医诊堂、理疗中心、药膳会所、养生会馆等特色设施，并有经验丰富的中医给予诊疗和指导。旅居期间，老年人可以参与中医养生讲座、理疗体验、中草药种植园参观等活动。除了中医疗养，近年来以西医疗养为核心的旅居模式也受到不少老年人的追捧。西医疗养的内容一般包括健康体检、医疗监测、健康咨询等。由于老年人对于健康的特别关注，以医疗康养为主要目标的旅居活动很受欢迎。

食疗养生也是我国养生传统的一个特色。食疗养生旅居地通常以特色饮食文化吸引对此感兴趣的老年人前来旅居，主要包含绿色食品、保健膳食、养生药膳等体验内容。我国的饮食文化博大精深，各地都有自己的养生膳食文化和传统。对于喜欢旅游又热爱美食的老年人来说，食疗养生旅居是非常有吸引力的。

3. 文化旅居

文化旅居的内容最为丰富。在活跃的老年人群体中，很多人喜欢参与各种各样的社会文化活动和体育健身活动。这些老年人为了深度体验或发展某种兴趣爱好，甚至会自发组织或参与正规团体组织的旅居养老活动。如运动旅居养老以特定的运动项目为核心，比如组织老年登山爱好者、骑行爱好者一起旅居。又如摄影主题的旅居活动，组织摄影爱好者到风光秀美的地方拍摄交流。民俗旅居养老以独特的文化资源或民俗资源为核心，比如组织大家到拥有悠久历史的特色古城或小镇旅居，参观古老的建筑、欣赏非物资文化遗产、体验特色风情民俗等。以修身养性为目标的宗教旅居养老，大多与地方宗教资源相结合，比如学习佛教文化、在寺院短期修行等。

（二）不同居住类型的旅居养老

1. 自助式旅居

最早的旅居养老大多是自助式的，就是老年人在旅居地长期或短期租赁房屋居住，或者干脆在旅居地购买住房。投资购买住房的旅居养老模式，实际上已经成为半定居式的旅居养老模式。

类似于自助旅游，自助式旅居通常是老年人自己规划、自助出行。很多低龄老年人热爱旅游，享受过程，喜爱体验深度旅居带来的乐趣。通常是几个朋友或家庭相约，一起到一个城市或乡村居住一段时间，像本地人那样生活，从而体验另外一种人生。为了真正融入当地生活，一般都是自己租房居住，自己买菜做饭。这样做的好处多多，不仅能够节省生活费用，还能按照自己的喜好吃得更健康、更卫生。

自助式旅居虽然比较费心费力，但是老年人可以根据自己的喜好安排膳食和出行，时间可长可短，可以充分地休息，也可以放慢节奏享受生活。和家人或朋友一起旅居的，可以有更多的交流时间，一起活动，享受彼此的陪伴。

2. 机构式旅居

在旅居康养逐渐成为一种产业的社会背景下，那些将旅居养老列入地方发展规划的城市或乡村，通常会建设集中的生活社区，为来此地旅居的老年人及其家庭提供所需要的生活设施和服务。

如果希望旅居生活更加省心，老年人可以在旅居期间住进集中建设的生活社区或养老服务机构提供的住房，也是一个不错的选择。一些全国连锁的商业养老机构也为其会员提供旅居养老服务，具体的做法是，只要在其中一个连锁机构入会，就能够享有去其他城市的连锁机构居住的权利。比如，购买了全国性连锁企业的老龄房地产的产权或使用权的老年人，就能在这家机构的连锁地实现候鸟式养老。此外还有一些连锁经营或者加入联盟的老年公寓，老年人在一地购买了这种老年公寓的产权或使用权后，就可以获得各地的连锁或加盟公寓的使用资格，在适宜的季节或自己方便的时间里，到其他城市旅居养老。

机构式旅居的优点是非常明显的，参加的老年人会感到方便省心。机构提供住宿和餐饮，老年人只要能够接受机构的基本生活安排，就像住进酒店一样，不必再为生活琐事操心。如果说自助式旅居更加注重深度融入当地生活，机构式旅居的重点则是让老人尽量放松身心，用更多的时间来享受休闲娱乐、观光出行等活动。

五、旅居要不要抱团

"抱团养老"是指几个老年人或一群老年人自愿生活在一起的一种养老方式，既可以是在原居住地"抱团"，也可以是在旅居地"抱团"。全国各地都有抱团养老的尝试，有的是几位老人到其中一位老人家里同住，有的则是几位老人一起到某处租房或买房居住。在生活安排上，可以分为紧密型和松散型两大类。所谓紧密型，是指参与者像家庭成员那样共同居住和生活，均摊生活费和家务事。所谓松散型，是指每个人或家庭的日常起居相对独立，日常开销也是各自分开，大家只是经常在一起聊天、娱乐，定期一起聚餐、出游等。无论采用哪种形式，"抱团"都是为了在生活上能互相陪伴，在紧急情况下能互相照应。

如果是在原居住地"抱团"，这种养老模式也被称为

"互助养老"。一般来说，现代社会的互助养老是在公共养老资源不足的情况下，老年人自发组织起来的一种养老模式。在我国农村，目前还有一种有组织的抱团养老或互助养老模式，由村委会提供场地和基本设施，大多是村里的独居老人搬进农村幸福院居住，村委会在生活物资上给予一定的帮助。在农村家庭养老功能弱化而社会养老资源不足的情况下，互助式的抱团养老不失为一个临时补救的办法。但长远来看，发展公共养老服务和社会化养老服务才是解决问题的根本办法，这是未来国家老龄事业重点关注和扶持的领域。

从全球范围看，世界各地的老年人都有结伴而居的情况。一般是和相识多年的好朋友一起，或者以几个朋友的家庭为核心，一起居住或比邻而居。有的老人结伴租房或买房，有的住在专门为这种需求而设计的分享式的老年公寓里。结伴养老的好处是：一是可以自己选择同住的伙伴，二是比住养老院的费用低。更为重要的是，老年人结伴生活，可以免除独居的孤独寂寞，有益于身心健康。

　　我国老年人也喜欢抱团养老。如北方大中城市的一些退休老人，每年冬天到海南旅居养老，其中不少人和原来的同事或朋友在同一小区购买住宅，每年冬天结伴前往，春天再一起回到原来的城市。在乡村养老模式中，一群向往乡村生活的城市退休老人，也常常结伴共居，在享受田园闲适生活的同时，也免除了异地生活的孤独无援。

　　一般来说，抱团养老的老年人一起生活的时间比较长，相互之间的影响比较大，因此也很容易出现摩擦和矛盾。长期在一起生活，既会因深度交流而增进情义，也可能因生活琐事而伤害感情。因此，选择和什么样的伙伴一起居住非常重要。一是大家的价值观要基本一致，生活习惯和饮食习惯要相对接近，这样才可能长久相处。二是生活上要有分有合，每个人或家庭要有自己独立的居住空间和活动自由，在此基础上可定期举办聚会或集体活动。距离产生美，如果日常活动都捆绑在一起，时间久了反而容易生出矛盾。三是要经济独立。抱团养老主要是指生活上互为伙伴，免除孤独寂寞，经济上却是要尽量分开的，财务上的不清不楚最容易引起纠纷，破坏彼此间的感情。

还要特别说明的是，抱团养老只适合健康状况比较好的老年人，至少每个人都能自己照顾自己的日常起居。人们希望从抱团养老中获得的相互扶持，是指在独立自理基础上的精神陪伴和心理宽慰，而不是患病或失能后的长期照顾。当日常生活需要依靠别人照料的时候，抱团养老这种方式就不再适用了。这是因为，参与抱团的都是老年人，并没有足够的能力和精力长期照顾另一位患病老人；在伦理关系上，彼此之间也没有这样的义务。即使大家的关系非常好，也只能做到紧急情况下的协助，而不可能承担长期照料的责任。此时，需要照料的老人或是回到原来的居住地和家人子女一起生活，或者选择入住合适的养老院，以得到更加专业的护理和照顾。关于怎样选择合适的养老社区，我们将在第六章做详细介绍。

第四章

居家养老：社区服务助力在家养老

很多人觉得，住在自己家里养老是一件理所当然的事情。事实上，大部分老年人终其一生都是住在自己的家里，年轻时照顾子女，年老时则由子女来照顾。这种传统的养老方式，我们称之为"家庭养老"。但家庭养老只是本章内容的一小部分，本章要重点介绍的内容是"居家养老"。简单地说，居家养老就是老年人还是住在自己家里，但在需要时能够获得来自社区和专业机构的帮助和服务。

一、家庭养老

　　不论是在东方社会还是西方社会中，人们大多采用家庭养老的模式照顾年长者。与其他文化相比，中国文化更加重视家庭，子女赡养父母、孝敬老人被认为是天经地义的事，这种价值规范就是孝道。孝道是家庭伦理的核心，而家庭伦理是社会价值体系的基础。由此可见，孝道在中国文化里占有极其重要的地位。是否孝敬父母既是衡量一个人道德品行的标准，也是考察一个人社会担当的依据。孝敬父母的人通常被认为是道德良好、品质优秀的人，他们不仅能够很好地履行家庭的道德义务，也被认为能够担当起社会职责和使命。正是基于这样的观点，我国汉代才会出现举孝廉的制度，就是荐举孝顺廉正的人入仕为官。进入21世纪，我国的优秀传统文化被重新认识，孝亲敬老的社会风尚重新被倡导，有的地方已经把是否孝敬父母列为干部考核的一项重要内容。

当我们说到养老的时候，一般将其分为三个主要方面，分别是经济支持、生活照料和精神慰藉。

首先，经济支持是养老的基本保障。众所周知，中华人民共和国成立后我国的社会保障制度是城乡有别的二元结构。农村老年人没有退休金，主要依靠土地保障和家庭赡养。即使在城市里，也不是所有人都有养老保障，只有从机关事业单位或企业退休的老年人才有养老金。直到 2012 年，针对农村户籍人员的新型农村社会养老保险（简称"新农保"）和针对城镇非从业人员的城镇居民社会养老保险（简称"城居保"）才实现了制度全覆盖。此后，"新农保"和"城居保"进行合并，现在已经建立起统一的城乡居民基本养老保险。也就是说，我国在最近十年才建立起全民养老保险制度，在此之前，那些没有养老保险的老年人只能依靠配偶和子女。即使现在已经建立起基本养老保险制度，但城乡居民的养老金水平还比较低，只靠养老金无法维持一定的生活水平，所以许多老年人仍然需要来自家庭的支持。

其次，老年人在年龄不断增长、身体机能逐渐衰退以后，更加需要的是日常生活上的照料。长期以来，家庭养老是我国最主要的养老方式。在大部分家庭里，即使老年人生活完全不能自理了，也主要由家庭成员来照顾，直到最后在家中去世。但近年来，家庭养老的功能正在逐渐弱化。引起这个问题的原因很多，其中一个原因是，家里子女的数量减少了，独生子女父母的养老模式显然和多子女时代有很大差异。现在人们的生育观念发生了很大变化，只结婚而不生孩子的"丁克家庭"越来越多。现代社会个人主义价值观的影响也不容小觑，人们个体意识增强，追求小家庭的居住和生活模式，许多年轻人结婚后立刻独立门户，不再跟父母一起生活。另外，现代化和城市化的发展加速了人口流动，越来越多的子女不跟父母在同一个地方生活。由于上面说的种种原因，只有老年夫妇俩生活的空巢家庭，现在已经成为我国普遍的老年人家庭模式，只有一位老人自己住的独居家庭也越来越多。在老年人身体还比较健康的时候，这种空巢或独居的生活模式问题不大，但是，当他们生病需要照顾的时候，或者生活完全不能自理的时候，家庭照顾能力不足的问题就突显出来了。相比通过建立全覆盖的社会养老保险制度解决养老的经济来源问题，老年人的生活照料是一个更加棘手的难题。照料不仅需要钱财作为基础，更加重要的是需要人力的投入，这个问题是不可能完全靠社会化的方式来解决的，这也是发展居家养老如此重要的原因。

最后，精神慰藉也是养老的重要方面。子女孝敬父母，既包括对父母物质上的"养"，也包括对父母精神上的"敬"。儒家的至圣先师孔子早就说过："今之孝者，是谓能养。至于犬马，皆能有养。不敬，何以别乎？"（出自《论语·为政篇》）意思就是，如果不尊敬父母，只是供养父母的话，和犬马又有什么不同呢！随着经济的快速发展、社会文明程度的提高，人们越来越重视心理健康、重视精神生活，而家庭是最能给老年人带来心理抚慰、满足老年人精神寄托的地方。社会化的养老服务再怎么发展，也无法替代亲情带给老年人的心灵抚慰。所以，不论是现在还是将来，家庭养老都是最基础、最理想的养老方式。

以前说起家庭养老，主要是指子女赡养老人。现在说起家庭养老的时候，首先是指配偶之间的相互照顾。在老年空巢家庭中，如果一个人得病，老伴自然成为最主要的照料者。按照传统的角色分工，女性是主要的家庭照料者，她们始终承担更多的家务和照顾工作，所以比男性更容易适应晚年的生活状态。但是，由于老年女性的健康状况一般不如老年男性，越来越多的男性老人也要承担照顾妻子的工作，这对他们而言是极大的生活变化，也是新的挑战。如果老年夫妇的健康状况都变得不好，那就需要子女的帮助了。"养儿防老"是中国家庭的传统。在大部分家庭，儿子仍然是照顾父母的主力。与此同时，女儿的作用也越来越大。如果老伴去世，在世的老年人要么独自生活，要么和子女同住。一般情况下，如果身体还不错，不少老年人仍然选择自己居住；如果身体不太好了，有的就搬去和子女同住，或子女住回父母的家里，方便更好地照顾他们。

对很多低龄老年人来说，他们自己并不需要别人照顾，却要照顾更加高龄的父母亲。随着人口老龄化程度不断加深，高龄老年人越来越多，而真正需要"养老"的正是这部分老年人。随着人的寿命普遍延长，由两代老年人组成的家庭越来越多了。在这些家庭中，通常是年轻的老人照顾他们的高龄父母，未来这种现象将会越来越普遍。也有的年轻的老人虽然不与高龄父母同住，但也承担了照顾父母的工作。孝亲敬老是中华民族的传统美德，照顾高龄父母是子女必须承担的义务，也有利于传承优良家风，给后代树立榜样。不过，这种模式实施的前提是低龄老人有能力照顾高龄父母，首先低龄老人身体比较健康，其次他们还要有时间、有精力来做照顾父母的工作。如果低龄老人自身健康不佳，而父母又需要有人照顾，就要考虑为高龄父母找一家合适的养老院住了。关于养老院的问题将在下一章做详细介绍。

有的老年夫妇双方都需要照顾自己更年迈的父母，只好分别回到自己父母家住。"上有老、下有小"常常用来形容中年人的生活困境，而在当前的老龄社会中，这些六七十岁的老年人，上有八九十岁的父母要赡养，下有年幼的孙辈要照顾，被称为"上有老、下有孙"。这个群体也被称为"老二代"，是家庭照料者中特别值得关注的一个群体。

一些"老二代"夫妇分别住到自己父母家里，照顾年迈的父母亲，这对他们自己的家庭生活有很大影响。这涉及现在家庭养老可能遇到的另一个难题——住房，也就是说，现在的住房可能不方便两代人共同居住。这一点可以借鉴新加坡的经验。新加坡政府鼓励子女和父母同住，从1987年开始，为满足一家几代人共同生活的需要，新加坡建屋局兴建适合多代同堂的较大面积的住房。这样的住房主要有两种，一种面积在90到110平方米，一般有三个卧室、一个客厅（餐厅）、一个厨房、两个卫生间和一个储藏室。这种住房基本上可以满足从新婚、育儿到儿女结婚以后几代人一起生活的居住需要。另一种面积在133到165平方米，有四五个卧室，由两套相邻的单元住房改造而成，老人和子女都有各自相对独立的生活空间，通过客厅和厨房等共享活动空间连接起来。如果条件允许，很多人也尽量与父母就近居住。今后国家的住房政策如果能够考虑到两代或三代人同住或就近居住的情况，对于需要照顾高龄老年人的家庭来说会有更大帮助。

房子在家庭养老中占有重要位置，所以这里再来说说"以房养老"这个话题。确切地说，以房养老并不是一种养老的生活模式，而是一种财产管理方式。以房养老最早出现在美国，主要有两种方式。一种是一些美国老年人在退休前就为养老购买房子，闲置的房间用来出租，收取租金以补贴养老金的不足。另一种是指美国政府和一些金融机构向老年人推出"倒按揭"贷款，按照这种方式，老年人仍然可以居住在自己的房子里，但产权则转移到银行名下，银行定期支付按揭款给老年人，直到老年人去世。我们现在说起以房养老的时候，一般是指后一种情况。以房养老和住房反向抵押贷款等概念在我国出现大约有20年了，但一直处于争论和探索阶段。作为一项值得探索的政策，老年人住房反向抵押养老保险先是在少数城市试点，后来推向全国。在实际运作的过程中，有多家保险公司获得了试点资格，但社会反应却非常冷淡，主要的申请者多为独居老人或失独家庭。由此很多人认为，以房养老和住房反向抵押贷款并不符合中国社会的价值观，因为在中国人的观念里，住房不仅体现了老年人终生财富的积累，也是属于整个家庭的共同财富，个人很难做出以房养老的决定。

总之，住在自己家里颐养天年，是中国人认为最幸福的养老方式。但正像前面说的，我国的老年空巢家庭和独居家庭越来越多，家庭养老变得困难重重。无论是住在自己家还是儿女家，不论照料者是老伴还是子女，在照顾上都会遇到很多困难。照顾者的身体和心理要承受很大的压力，被照顾者也未必能得到较好的照顾，这些必然会影响家庭关系和家庭生活。

尤其是对失能老年人的长期照料，是一项非常繁重的工作。照料者常常感到力不从心，自己的身心健康也受到不同程度的损害。对于老年照料者来说，自己往往也是慢性病患者，繁重的照料工作对他们的身心健康都会产生负面影响。而中青年照料者或是还要照顾自己未成年的子女，或是处于职业发展的关键时期，加上照顾老人的责任重大，必然会加重他们的工作负担和精神压力。在经济比较落后的农村地区，子女的生存压力更大，工作和照顾老人的矛盾更加突出。在这种情况下，发展居家养老服务成为解决家庭养老难题的一个重要方案。

二、居家养老服务

先让我们来区分一下这两个非常容易混淆的概念："家庭养老"和"居家养老"。从前面介绍的家庭养老我们已经了解到，家庭养老就是指老年人住在自己家里，由家庭成员承担对老人的赡养责任，包括经济支持、生活照料和精神慰藉；主要照料者是配偶和子女，也包括帮助照顾老人的保姆。而居家养老是一个相对新型的养老模式，是指传统的家庭养老加上现代的社会保障和社区服务。和家庭养老一样，居家养老也是住在自己家里，但除了让家人照顾之外，在需要的时候还可以向社区居家养老服务中心请求帮助。社区可以为老年人家庭提供免费或平价的养老服务，符合一定条件的老年人及其家庭，还可以获得相应的经济补贴、护理津贴以及其他服务。政府根据老年人的健康状况和经济状况分类给予补贴。对于无劳动能力、无生活来源、无赡养人和扶养人的"三无"老人实行兜底保障，政府承担所有服务费用；低保老人和低收入老人，分类享受不同程度的补贴；即使是一般老人，也能以低于市场的价格得到同等品质的服务。

我们前面说到，家庭养老始终都是最基础、最理想的养老方式，但在现代社会遇到很多困难。最明显的例子就是，传统上女性是家庭的主要照顾者，但随着社会的进步，女性的受教育水平提高了，男女平等的价值观得到广泛认同，于是越来越多的女性进入了职场。这就使得原来主要由女性承担的家庭照顾工作逐渐社会化，比如妈妈原来是孩子的主要照顾者，而现在可以把孩子送进幼儿园。对老人的照顾也是这样，社会化养老的观念已经普及，能够提供养老服务的机构也越来越多。

虽然家庭养老出现了很多困难，但把养老责任完全推向社会也是不现实的。从老年人的情感角度来看，或者从前面提到的"精神慰藉"的角度，家庭养老仍然是最理想的养老方式。专门的养老机构及其护理人员，固然能够提供更加专业的照顾，但无法提供亲情关爱，让人感受不到温暖。人的年龄越大，对亲情的渴望越强烈，亲人的陪伴就更加重要。独居和丧偶老人的孤独寂寞常常引发不同程度的心理问题，严重的甚至会导致精神疾病，如抑郁、痴呆等。因此，把家庭养老和社会服务结合起来的养老方式，会是一种更好的养老方式。

居家养老就是这样一种养老方式，而居家养老服务是指政府和社会力量依托社区，为住在家里的老年人提供生活照料、家政服务、康复护理和精神慰藉等服务。居家养老服务体现了支持家庭养老的社会化服务体系，是对传统的家庭养老模式的补充。居家养老把家庭养老和社会服务结合起来，既延续了传统家庭养老的优势，又弥补了家庭养老的不足，减轻了家庭成员照顾老人的负担，是一种更加理想的养老模式。一方面，老年人住在自己家里，仍然生活在熟悉的社区和环境中，可以保持原来的社会关系和朋友圈子，有利于身心健康和精神愉悦。另一方面，根据自己的需要，老年人家庭可以向社区请求各种服务，能够通过社区平台得到政府和社会组织提供的养老支持。

早在 20 世纪 80 年代，我国政府就提出要"发展社区服务"。随着经济体制改革的推进，原来由国家包揽的单位福利服务逐渐转移到社会，城市社区承担起越来越多的社会服务功能，全国各地陆续开始进行居家养老服务的试点工作。在实践中，由于认识到大部分老年人主要生活在社区，国家对于发展社区居家养老服务越来越重视，出台了很多相关政策和规划。比如要求新建的城市社区和新型农村社区一开始就做好养老服务的配套设施规划，按要求配套建设养老服务设施。老城区和已建成的居住区，如果没有养老服务设施或现有的设施没有达到规划要求的，要通过购置、置换、租赁等方式进行建设，要加强社区养老服务设施与社区综合服务设施的整合利用等。目前，我国城市社区居家养老工作由民政部门主管，街道社区负责组织实施，有的地方有专业机构和中介参与运作。各地建设和发展居家养老服务的模式多为政府购买服务，由街道和社区承办，辅以企业或社会组织提供的服务。

我国发展居家养老服务，也受到欧洲"就地老化"（Aging in place）以及联合国相关理念的影响。1982年，联合国第一次老龄问题世界大会发布的《维也纳老龄问题国际行动计划》提出：应设法使老年人能够尽量在自己的家里和社区独立生活。1991年，联合国第46届大会通过的《联合国老年人原则》强调：老年人应尽可能长期在家居住，应得到家庭和社区根据各自社会的文化价值体系而给予的照顾和保护。1992年联合国通过的《老龄问题宣言》再次强调：以社区为单位，让老人尽可能长期在家里居住。在《亚洲人口老龄问题圆桌会议建议》中，联合国大会宣布1994年为国际家庭年，号召国际社会维护和保护家庭，以保证家庭在保护其老年成员的尊严、地位和安全上的重要作用和连续性。可见，全世界都倡导重视家庭价值、保护家庭照顾老年人的功能。

目前我国社区提供居家养老服务的方式有两大类，一类是上门服务，另一类是站点服务。上门服务包括：为生活不能完全自理的老年人提供日常生活照顾，比如送餐、做饭、理发等；为老人家庭提供家政服务，如搞卫生、维修家具和电器、帮助购物等；定期上门为患病老人或失能老人提供康复护理服务；为独居老人提供精神慰藉服务，如定期看望、陪伴聊天等。站点服务包括：社区食堂为老年人提供膳食服务；日间照料中心可以在白天照顾家里子女去上班的老人；家人出差或休假期间，老年人可以到社区的养老驿站短暂居住；身体较好的老年人可以到社区老年人活动中心和同伴下棋、打牌、聊天，或参加其他休闲娱乐活动。

居家养老服务一般都是从老年人普遍需要的膳食服务做起的。由于年老体弱，最普通也最重要的家务——做饭，成为一件力不从心的事。有的社区提供场所建立老年食堂，请专人负责；有的则与餐饮企业签约，为需要的老人提供膳食服务。老年人既可以在食堂就餐，也能让人送餐到家里。除此以外，大部分城市社区都能开展一些初级服务，如请医院来为老人测血糖、量血压，组织健康知识讲座，慰问探望孤寡老人等。少数发展得比较好的城市社区，能够提供更多形式的养老服务。

　　居家养老服务是我国养老服务体系的重点，但目前其发展还很不均衡。城市社区的居家养老服务发展较早，相对完善，但供给仍然不足。新近提出发展物业＋养老的模式，就是希望利用物业已有的服务资源，与居家养老服务机构合作，共同为所在社区的老年人提供所需要的服务。而居家养老服务在农村起步较晚，大部分农村的居家养老服务尚未真正开展起来，还存在许多空白。无论在城市还是在农村，未来居家养老服务的有效开展，要建立在长期照护保险制度、社会福利和社会救助制度不断完善的基础之上。要让经济困难的老年人或失能失智老年人获得必要的服务补贴和护理补贴，让更多的老年人家庭享受到有品质的居家养老服务。

　　发展社区居家养老服务的目的，一方面是解决家庭照护人力不足的问题，另一方面是解决家庭照护者专业性不强的问题。比如失能老人和痴呆老人的照护，家人即使有时间照顾老人，但由于缺乏相关知识和技能，未必能真正照顾好，有时可能还会造成误伤，既让老人受苦难过，也令照顾者感到自责痛心。这些家庭难以解决的问题，就需要专业化的社会服务机构来解决。当然，当老人需要的专业照护超出了社区能够提供的范围，或家人再难以承担日益复杂的照护工作时，就要考虑入住养老院了，这是下一章要介绍的内容。在不得不入住养老院之前，能够住在自己家里，由专业机构提供上门服务，是一种改变更小、成本更低、更符合老年人愿望的养老方式。

如果社区能够提供比较完备的养老服务，那么住在家里就像住在养老院里一样，这样的社区就可以被称为"虚拟养老院"。最早的"虚拟养老院"出现在苏州市沧浪区，后来兰州市城关区等地也做得较好，成为这方面的典型。有的社区不仅能为老人提供生活照料、家政服务、康复护理、精神慰藉等服务，还能提供医疗护理、紧急救援等服务。失能、独居、空巢老年人是服务的重点。与社区签约的老年人，可以获得像养老院一样的生活服务和专业照护，社区成为"没有围墙的养老院"。

随着信息技术的发展，居家养老服务与互联网技术的广泛应用相结合，成为智慧养老的一个重要应用领域。虚拟养老院之所以能够运作起来，就是以信息技术手段为支撑，建立起居家社区养老服务信息平台、呼叫服务系统和应急救援服务机制，使居家养老服务向着更有效、更精准、更个性化的方向发展，方便养老服务机构向居家老年人提供助餐、助洁、助行、助浴、助医、日间照料、夜间照护等服务。一般是通过政府购买服务的方式，由社会组织或企业建立居家养老服务智能信息平台，为社区内有需要的老年人提供生活、照护、医疗等一体化服务。

三、社区卫生服务

随着社会的进步和健康观念的转变，从 20 世纪 60 年代起，发达国家普遍重视并着力发展社区卫生服务。发展中国家由于卫生资源比较有限，也更加重视发展社区卫生服务，通过推行简便的技术来改善居民的健康状况。

进入 21 世纪以来，我国的社区卫生服务体系得到较快发展。社区卫生服务主要由社区卫生服务中心完成，下设社区卫生服务站，在社区范围内为居民提供公共卫生服务和基本医疗服务。社区卫生服务中心和服务站主要为所辖社区及其周边的居民提供服务，其中妇女、儿童、老年人、慢性病人、残疾人和贫困居民等是服务的重点。社区卫生服务中心为社区居民提供预防、治疗、康复等综合性服务，包括在社区开展健康教育、建立居民健康档案、开展家庭康复治疗和临终关怀活动等。

老年人是社区卫生服务的重点人群之一。我国大部分老年人都患有一种甚至多种慢性病，医疗保健服务的可及性和便利性对老年人非常重要。近年来，国家致力于完善老年健康支撑体系，包括健康教育、预防保健、疾病诊治、康复护理、长期照护、安宁疗护等一系列内容。城市的社区卫生服务较为完善，能够定期组织老年人健康检查，进行较为规范的慢性病管理、保健咨询、心理咨询、紧急救助等，确保老年人突发急症时能够得到及时、有效的诊断与救治。但农村的社区卫生服务还有较大差距，亟需提升健康检查与指导、紧急救助和转诊就医等方面的能力。

老年慢性病的早期筛查工作是社区卫生服务的重要组成部分。如老年痴呆是一种不可治愈的疾病，早期筛查、早期防治能够大大降低老年痴呆的发病率，提高痴呆老年人及其家庭的生活质量。此外，在社区层面开展老年人营养改善、口腔健康等方面的宣传、教育和防治工作，对于提高老年人健康素养有积极作用。

社区卫生服务也是虚拟养老院服务的一部分。在社区卫生服务中，有的地方利用养老机构的医疗资源，整合居家养老服务资源，为在家居住的老年人提供上门看病、术后康复等医疗卫生服务。

医养结合是社区卫生服务发展的一个趋势，在社区开展居家医养是当前医养结合的主要任务之一。如建立医护巡诊制度，签约医护人员上门巡诊、送医送药、进行家庭护理等。全科医生定期到老年人家里巡诊，为签约老人进行慢性病跟踪管理，指导老人安全用药。回到社区卫生服务中心后，全科医生将检测数据录入老人的慢性病信息管理系统。如果发现异常，医生进行连续监测，给予相应的用药和膳食指导，需要时将老人转介到上级医院。如果老人突发疾病，则立刻给予紧急救助。可依托智慧养老网络，在患病或行动不便的老人家中安装手触或语音等各类报警器。老人突发意外或身体不适时，就能通过这些设备发出求救信息。信息中心值班人员可及时采取行动，第一时间通知医护人员上门施救。

家庭病床是医疗卫生机构服务向社区延伸的另一

种形式。所谓家庭病床，是指医疗机构为适合在家庭条件下进行诊疗的患者在家里设立的病床。通常由一名全科医生和其他医护人员组成一个服务团队，为住在家里的失能老人、患慢性病老人、高龄老人、残疾老人等困难老人提供诊疗服务，具体内容包括上门看病、定期巡诊、康复护理等。家庭病床是基层医疗服务的一种方式，也是分级诊疗的组成部分。但现阶段我国的家庭病床服务还很不完善，管理制度尚不健全，医护人员的技术水平偏低，配套设施比较短缺，社区居民对家庭病床的知晓度也比较低。

四、互助养老

目前我国的居家养老服务在城市社区发展得比较好，农村还处在初步发展阶段。各省市的情况也不尽相同，有的发展得较好，有的还有很大差距。在城市发展得较好的一个原因是，城市社区提供的养老服务大多以公益项目的形式，由政府资助或补贴。随着社会力量和公益组织的参与，社区的养老服务的品质逐步提升。而在大部分农村地区，目前政府的投入还比较少，这与国家财力有关，也与农村社区居民居住分散等现实原因有关，还与农村老年人购买市场化服务的能力和意愿有关。但我国农村老龄化形势严峻，大量养老服务需求无法得到满足。在农村社会化养老服务尚未得到充分发展的情况下，民间自发挖掘传统文化和社区资源，开展邻里守望相助的互助养老，一定程度上缓解了社会和子女的养老压力，因此得到政府的鼓励和支持。

所谓互助养老，主要是指老年人在自己居住的社区，与同社区的老年人互帮互助。互助养老的形式很多。比如在居家养老服务中，一些社区由于人手不足，为老年人提供的服务十分有限，一些退休的低龄老年人便热心参与互助服务。一些有一技之长的老年人，会利用自己的专业知识和技能发挥余热，帮助社区里有需要的老年人，如上门理发、生活照料、心理关爱、纠纷调解等。

在其他国家也有不同形式的互助养老。比如德国的社区互助，由年纪较轻的老年人帮助高龄老年人。通常是由几个年纪较轻的老年人牵头，组成一个邻里互助小组，轮流到每家活动，如做饭聚餐、收拾花园、一起聊天等。德国还有老年人与其他群体开展互助形式。一种是"三代同堂"的互助模式，由当地政府和福利机构出资建造福利公寓，专门供独居老人和单亲家庭居住。福利公寓有公用厨房和大饭厅，并有专人负责管理和打扫卫生。独居老人帮单亲父亲或母亲照看孩子，而年轻人去商场购物时会帮老人代买东西，周末还可以像一家人那样一起出去游玩。还有一种老人和大学生之间的互助模式，即城市民政局和大学服务中心联合起来，介绍大学生到孤寡老人家居住，可以免去房租，但大学生需要承担部分家务和照顾老人的工作。

目前我国的互助养老主要是在农村开展。由于大量农村中青年进城生活，农村的老龄化程度比城市要高，家庭的养老功能弱化更为严重。由于农村家庭的消费能力较低，市场化的养老服务难以发展。同时，农村注重血缘、亲缘和地缘关系，邻里守望相助的传统十分悠久，这是发展互助养老的社会基础。由于上述原因，互助养老的方式在农村养老中被重点推广。

互助养老院大多由废弃校舍改造而成，有的以农村幸福院为依托开展。该项目一般由村级主办，由村两委任命或兼任管理者，服务人员主要是低龄老人和志愿者。资金来源以财政拨款和集体收入为主，辅以社会力量的参与和支持。在农村老年协会发展得较好的地区，农村互助养老一般依托老年协会开展。

互助养老反映出中华民族孝亲敬老、互帮互助的传统美德，让老年人在互助共同体中获得归属感和信任感，是一种理想化的养老模式。在当前的社会背景下，它也非常符合农村老年人以低成本获得服务的实际需求。但同时也要认识到，互助养老有其局限性，最主要的一点就是，互助的范围适用于上门探望、陪同聊天、家务帮助、个人清洁等生活照顾，而不适用于失能照护等专业性较强、难度较大的工作。实际上，失能老年人的生活照料、康养护理等服务才是家庭照护的难点，也是老年人的刚需，而这种服务是参与互助的老年人所不能提供的。总的来说，互助养老是一种补充形式，并不能替代社会化专业养老服务。

时间银行是互助养老的一种形式。时间银行的雏形是劳务银行，于 20 世纪 70 年代诞生于日本。1980 年，美国学者明确提出了时间银行的概念，其后便在世界各地推广开来，目前全球有三十多个国家和地区建立了不同形式和规模的时间银行。时间银行于 20 世纪 90 年代传入我国，但由于种种原因一直没有得到很好的发展。在人口老龄化不断加剧的背景下，为弥补社会化养老资源的不足，政府倡导开展互助养老，时间银行作为助力互助养老的一种形式被重新提了出来。

严格来说，时间银行不仅限于养老服务领域，也不是只对老年人的服务，而是一个包含各年龄群体的志愿服务的时间储蓄系统。相对于老年志愿者，时间银行更适合应用于中青年和学生志愿者。时间银行的核心是将时间与公益挂钩，倡导志愿者利用闲散时间帮助有需要的人，把助人时间以虚拟货币的形式存储起来。比如志愿者每服务 1 个小时就能得到 1 个时间币，当自己有需要的时候，就从时间银行中支取出来，兑换自己或家人所需要的服务。

在政府的支持和鼓励下，一些省市已经开始进行时间银行的试点工作。由于运行时间尚短，当前我国的时间银行体系还存在很多不足和局限，比如，还没有建立起一个记录志愿服务时间的权威机构或系统，尚未解决等量时间内服务的等值问题等。从长远看，时间银行可以激励更多的人参加志愿服务，特别是青少年志愿者；但对现在的养老服务来说，它暂时还只能起到补充的作用。

第五章

机构养老：专业化照料服务

当老年人的生活自理变得困难起来，而家人即使有居家养老服务体系的协助，仍然难以完成在家照顾老人的工作时，可能就要开始考虑要不要去养老院的问题了。老年人住进养老院，在那里生活，养老院根据老年人的健康状况提供相应的生活照料和护理服务，这种养老模式被称为机构养老。

一、养老院的类型

我们平常所说的养老院是一个统称，按照不同的标准，可以把养老院分成不同的类型。

（一）公办养老院／民办养老院

根据投资主体的不同，可以分为公办养老院和民办养老院。公办养老院属于社会公益性机构，主要发挥兜底保障的作用。公办养老院由国家财政出资，优先保障孤寡老人、优抚对象、经济困难的失能、高龄老人的养老需要。我国最早的公办养老院就是我们比较熟悉的敬老院和光荣院，主要由政府和集体建设和运营。敬老院主要收住和供养城乡孤寡老人；光荣院主要收住和供养老年优抚对象，包括残疾军人、烈士遗属、病故军人遗属等。

　　最早的公办养老院因为只收住上述特殊老年人群，所以数量非常少。对大部分老年人来说，养老院和自己没什么关系，在家靠儿女养老才是常态。公办养老院的服务目标是"保基本"，因此服务项目较少，服务标准也比较低，大多数公办养老院都以提供基本生活服务为主。农村敬老院更是如此，只能为入住的老年人提供最基本的生活照顾，解决老年人的温饱问题。

　　随着人口老龄化的快速发展，我国老年人的数量不断增加，高龄老人越来越多，同时，失去生活自理能力、需要照顾的老年人也越来越多了。住在自己家里安度晚年当然是最理想的养老模式，但是，当家庭已经没有能力继续照顾严重失能或痴呆的老年人时，就需要求助于更加专业的社会化养老服务了。然而，无论从数量来看，还是从服务质量来看，公办养老院都无法满足这种越来越旺盛的专业照护需要。在这种情况下，国家陆续出台了一系列优惠政策，鼓励社会力量开办养老机构，为更多有需要的老年人家庭提供帮助。

　　在国家政策的鼓励和支持下，近年来民办养老院的数量增长很快。民办养老院包括公建民营、民建公助等多种形式。在发展初期，大部分民办养老院也沿袭公办养老院的传统，以供养型为主，主要为入住老人提供日常生活照料服务，只有少部分民办养老院能为老人提供康复护理服务。因此，住在养老院里的老人，大多数是生活完全自理或基本自理的老人。比如有的老人独居在家，觉得寂寞无聊，为了排遣孤独住进了养老院。这些老人，有的在养老院里找到了乐趣和朋友，也有的并无收获，最后还是选择回到家里。实际上，住养老院的成本大大高于在家居住，还有诸多限制和规定，对于生活能够自理的老年人来说，显然不是最好的选择。真正需要入住养老院的是那些在家照顾有困难的失能老人和失智老人（痴呆老人），他们对养老院专业服务的需要才是真正的刚需。

随着经济社会快速发展，国家重视发展普惠型养老服务设施，公办养老院的服务设施和服务质量也在不断提升。为了真正发挥作用，帮助最有需要的老年人，公办养老院也在探索建立一套从入住条件到照护标准的评估体系。公办养老院应提高照护水平，在兜底保障老年人基本需要的基础上，提高对失能失智老年人的照护能力，形成公办养老院的持续照护体系。

（二）照料型养老院 / 护理型养老院

按照服务对象和服务内容的不同，可以分为照料型养老院和护理型养老院两大类。国家和集体出资的敬老院、光荣院等早期的公办养老院，大多数都属于照料型养老院，一般只能为入住的老年人提供最基本的生活服务。护理型养老院则是指能够为失能失智老年人提供专业护理服务的养老院。随着人均预期寿命的普遍延长，世界各国养老院的发展方向都由一般照料型转向专业护理型。随着我国人口老龄化程度不断加深，老年人对于长期照护的需求显著增加，养老院也越来越聚焦于为失能和失智的老年人提供更加专业的长期照护服务。

在民办养老院发展初期，我国的大部分养老院（无论是公办的还是民办的）都不能满足失能失智老年人的照护刚需，致使很多养老院陷入了发展的困境，也促使人们对养老院的定位和发展方向进行反思。与公办养老院相比,民办养老院对于市场需求的认识更加敏锐。当认识到什么是老年人及其家庭的真正需要后,一些民办养老院较早就开始从照料型机构向护理型机构转型。大量民办养老院的建立促进了养老服务种类的增加和品质的提升,养老院服务类型和功能逐渐细化,服务水平不断提升,逐渐能够为处在不同年龄阶段和不同健康状况的老年人提供从生活照料到失能照护的连续性服务。

护理型养老院的进一步发展,有赖于国家养老服务体系的整体完善。亟需建立老年人能力综合评估的国家标准,使用标准化工具对老年人的自理能力、健康状况、残疾程度、照护需求等进行评估,明确政府购买范围和补助标准。一方面使经济困难的失能老年人获得相应的照护服务,另一方面也有利于机构的规范运行和服务的充分提供。

在失能失智老年人群体中,照护难度最大的人群是失智老人,也就是我们常说的患有痴呆症的老人。老年痴呆中最主要的类别是阿尔茨海默病,其次是血管性痴呆，其他的还有路易体痴呆、额颞叶痴呆、帕金森病痴呆等。就以阿尔茨海默病来说，年龄增长是患病的最大风险因素，而目前世界上还没有可以治愈阿尔茨海默病的药物。全国调查显示，我国 60 岁及以上老年人中老年痴呆的患病率约为 6%。可以预期，随着人口老龄化程度不断加深，我国患痴呆症的老年人数量还将大幅增长。目前，痴呆老人主要由家庭照护。在病情还不太严重的情况下，如果社区居家养老服务和长期照护保险能够在照护和经济上提供一定的帮助，在家照顾痴呆老人是一种比较理想的模式。但随着老人病程发展和症状加重，照顾痴呆老人往往超出家庭照顾者的能力。在条件允许的情况下，可以住进专门照护痴呆老人的护理机构。

可以说，痴呆老人专业照护服务是刚需中的刚需，亟需社会化专业服务的支持，但目前我国专门收住痴呆老人的专业照护机构为数不多，已经设立了老年痴呆症照护专区的养老机构也很少。痴呆老人的照护难度大、专业要求高，但这方面的医护人员和护理人员都严重不足，是目前养老服务里最薄弱的一个环节。由于照护技能要求高、照护难度大，照护痴呆老人的费用也比较高，并不是所有的家庭都有能力支付。随着我国人口老龄化形势的不断发展，患痴呆症的老年人数量还将持续增多，发展普惠性的痴呆老人专业服务将是今后养老服务业的一个重点方向。

（三）养老院 / 护理院 / 医养结合养老院

根据不同的主管部门，养老院可以分为两大类。一类是民政部门主管的养老院，上面提到的公办养老院和大部分民办养老院都属于这一类。另一类则是卫生健康委主管的护理院，属于医疗服务体系的组成部分。与养老院相比，护理院最大的特点是拥有比较完善的医疗设施，能够为入住的老年人提供医疗等级的照护服务。住在护理院的老年人，一般都是有长期照护需求的失能老人，照护者则由医生和护士组成。但护理院又与一般的医院不同，在提供医疗服务的同时，也为老年人提供生活照顾和其他健康服务。

近年来，医养结合越来越受到重视。所谓医养结合，就是民政部门和医疗卫生部门合作，把养老服务资源和医疗服务资源整合起来，更好地为老年人提供所需要的服务。护理院在一定程度上就体现了一种医养结合的养老模式。我国目前的医养结合模式大致可以分为四种类型，分别是：医疗卫生机构开展养老服务，养老院增设医疗部门，养老院和医疗机构签约合作，在社区层面开展医养结合服务。医养结合的出现显示了人们对养老服务中的专业化照料的需求的不断增长。虽然这几种医养结合的服务模式还处在探索尝试阶段，但发展完善的医养结合服务无疑是未来养老服务的发展目标。

我们在上一章的居家养老服务部分介绍了社区层面的医养结合服务，另外三种则主要是养老院层面的医养结合模式。第一种是在医疗机构开展养老服务，如在公立医院中设立养老机构、在乡镇卫生院增设养老服务功能等。第二种是养老机构引入医疗服务，即在养老机构内部设置医疗卫生部门。第三种是养老机构和医疗机构建立协作机制，如基层医疗卫生机构与养老服务机构签约合作，为入住的老年人提供定期巡诊和预约就诊服务，为突发急症的老人开通急救绿色通道等。采用这三种方式的养老院，都可以看作是医养结合的新型养老院。在医养结合养老院里，如果入住的老人需要就诊或进行康复，可以在院内转移，或者走绿色通道获得及时诊治。显然，医养结合养老院比普通养老院具有更大优势，能够为老年人提供更加全面和便捷的服务。

（四）养老院／家庭照护床位

除了在机构内部为入住的老年人提供服务，养老院还可以利用自己在设施、人员和技术等方面的优势，为周边社区的居家养老和社区服务提供支持，提高社区养老服务的专业化水平。家庭照护床位就是其中一种形式。

所谓家庭照护床位（简称"家床"），就是借助养老院的护理资源，将专业服务延伸到老年人家里，上门为老年人提供服务。具体做法是：养老机构通过社区服务平台，到生活自理困难或不能自理的老年人家里，为他们提供所需要的服务。服务内容包括：对老年人的居家环境进行必要的适老化改造，配置相应的智能化设施，派出专业照护人员为老年人提供健康、日常生活、康复、慢病管理、助餐助浴、精神关怀等方面的服务。

如前所述，在家照顾失能老人有很多困难，而机构照顾的费用高昂，并不是每个家庭都能支付得起的。因此，发展家庭照护床位的确是一个解决失能老年人照护难题的可行方案。目前家庭照护床位还在试点阶段，但在试点城市中都得到政府的大力支持，包括对提供服务的养老结构给予一定的奖励补贴、根据老年人情况给予一定的护理补贴等。

我们在前面居家养老的章节中介绍过"虚拟养老院"，或称"没有围墙的养老院"，即通过社区平台为老年人提供所需要的养老服务，使住在家里的老人就像住在养老院一样，能够获得更加专业的照护服务。如果说这是一种目标，那么家庭照护床位离这个目标更近。购买家庭照护服务的老年人可以不离开家，还能享受与养老院内同等的护理服务，因此受到老年人家庭的欢迎。

家庭照护床位与居家养老模式相融合，也是未来老年人照顾的一个发展方向。

（五）安宁疗护／临终关怀

帮助一个人好好地离开这个世界是对生命最后的敬畏。安宁疗护也被称为临终关怀，主要是对包括老年人在内的生命末期患者及其家人进行全方位的关怀照顾，尽量减少患者终末期的身体痛苦，使之有尊严地离世。世界卫生组织（WHO）对此给出的定义是：安宁疗护是对没有治愈希望的病患进行积极而非消极的照顾，控制疼痛及其他症状，尽可能提升病人和家属的生活品质。临终关怀起源于英国。1967 年，英国医生桑德斯博士在伦敦创建了世界上第一所现代临终关怀医院——圣克里斯多弗临终关怀院。现在，为了让老年人得到更加优质廉价的临终关怀服务，英国政府已将临终关怀纳入医保，通过英国国家医疗服务体系为患者和他们的家人提供免费服务。

中国文化中的生死观追求善终，即老年人在安宁祥和中没有痛苦地离开这个世界。能够善终的人被认为是有福气的，是人生圆满的结局，也是老人家庭的福报。然而，随着现代社会医疗技术不断进步，人们对于医疗治愈的期望越来越大，再加上对于延长生命的热切渴望，人们对生命末期老人进行了过多的医疗干预，有的老人甚至依靠仪器维持生命体征。这样的做法或许在某种程度上安慰了不舍得老人离去的亲人，却让临终老人承受了更多的身体痛苦和心理煎熬。有的创伤性救治，如切开气管让老人靠呼吸机维持生命、用喂食管进食等，都给临终老人带来巨大的伤痛。安宁疗护则是另外一种选择，它尊重生命，尊重自然规律，尽量减少临终老人的痛苦，让他们有尊严地离开这个世界。

1987 年，我国第一家临终关怀医院——北京松堂关怀医院成立。松堂关怀医院的院长李伟曾是一个到内蒙古插队的北京知青，并在当地成为一名赤脚医生。在内蒙古的经历让他认识到，满足临终者的最后愿望能让他们更安详、更有尊严地离去。但我国的临终关怀事业发展得并不顺利，松堂关怀医院甚至被称为"死人医院"。

直到最近十年，我国的安宁疗护事业才开始有比较大的发展。2016年，《健康中国2030规划纲要》明确提出实现从胎儿到生命终点的全程健康服务和健康保障，加强安宁疗护等医疗机构的建设。2017年，安宁疗护在全国开始试点，地方卫生健康委等相关部门也纷纷制订推进安宁疗护服务发展的具体方案。随着试点范围不断扩大，越来越多的人加深了对安宁疗护的了解，并逐渐接受安宁疗护的理念。

在说到安宁疗护的时候，可能会有人提出疑问：安宁疗护与安乐死之间是什么关系？这的确是两个容易混淆的概念，但它们的内涵是完全不同的。安宁疗护是指借助严格的疼痛管理、症状管理、舒适照料等医疗手段，减轻患者的疼痛，使患者的生活更有质量，实现生命末期的安详与尊严。它通常是指在不可治愈的伤病末期，根据患者的自主愿望，不使用生命支持系统维持生命体征，让患者尽量没有痛苦地自然离世。而安乐死则不同，是一种在医生协助下主动结束自己生命的行为。由于在伦理和法律层面都存在巨大争议，目前安乐死在绝大多数国家都被禁止，只在极少数几个国家和地区取得了合法地位。

　　概括地说，安宁疗护的核心主要有两点，第一点是尽量减轻患者身体的疼痛，第二点是让患者和家人获得心理上的安宁。赵可式是台湾安宁疗护运动的推动者，他认为对生命末期的患者来说，心理层面的需求比药物治疗的需求更大，并提出了"四道人生"理论：道歉、道谢、道爱、道别。为了获得心理上的安宁，要根据老年人及其家庭的具体情况，制订适宜的计划，让老年人和家人都尽量不留遗憾。如果老人有尚未解开的心结、没有和解的人际关系等，可以在与亲人的倾诉中获得心理和情感上的慰藉，在条件允许的情况下重建关系。在老人临终前，让老人有机会向所爱的人表达谢意和感激。如果老人有一些尚未实现的心愿，可以梳理出一份遗愿清单，比如计划一次旅行、看一次日出、见一位老友、吃一次喜欢的食物……心愿可大可小，潜藏在老人的记忆深处，带着特殊的意义和特别的情感。当老人得偿所愿，会感到极大的心理满足和精神安宁，亲人的哀伤也会得到缓解。子女如果还有尚未表达的心意或遗憾，要在老人的听觉和触觉尚未彻底丧失前，通过肢体接触传达内心的情感，向老人诉说爱意、歉意或告别。总之，安宁疗护事业的发展会使人们更加理解和尊重生命，也能让老年人更有尊严地向这个世界告别。

二、何时要住养老院

很长一段时间以来，人们对养老院存在刻板印象，认为只有无儿无女的可怜人才去住养老院。持有这种观点的老年人和他们的子女，都非常排斥养老院，认为老人去住养老院就好像被家庭抛弃了一样，是非常不幸、也非常丢脸的事。但是，随着高龄和失能老年人越来越多，家庭照顾老人的能力却越来越弱，人们对社会化养老服务的需求越来越迫切了。近年来，养老院服务内容和服务质量不断提升，人们对住养老院的接受程度逐渐提高。

国家推动老龄事业发展，越来越重视养老院建设，养老院的硬件设施和服务质量都在不断提高。大中城市的养老服务业发展得更快，高品质的养老院越来越多，专业化的养老服务逐渐得到人们的认可。在子女无暇或无力照顾老人的情况下，一些家庭请保姆帮忙照顾老人。但一般的保姆并不具备相应的照护技能，只能进行日常生活上的照顾，有的还因照料不当引起事故，给老年人造成身体上和心理上的伤害。很多家庭开始认识到，与其请保姆照顾，还不如为老人找一家合适的养老院，在那里老年人能得到更加专业、更有保障的服务。

随着观念的改变，愿意去养老院的人越来越多了。一般来说，年龄越低的老年人，对养老院的接受程度越高。虽然他们还没有到需要去住养老院的阶段，但很多人都明确表示，如果将来生活不能自理了，一定会去住养老院。对大城市的家庭来说，子女照顾老人有更多困难。由于受教育程度更高、经济更加独立，城市老年人及其子女对入住养老院的观念也更为开放。对于子女而言，在条件允许的情况下，在家照顾老人是最理想的，但如果超出了子女的能力承受范围，子女不仅无法照顾好父母，自己的身心健康也受到损害，由此造成更多的问题和困扰。养老院能提供更加专业的服务，也减轻了家庭照顾者的压力。对于老年人而言，住在家里养老当然是最好的选择，但在高龄失能以后，只靠家庭照顾困难很大，自己可能得不到所需要的照顾，还会给子女带来巨大压力。所以，如果老年人在家确实不能得到满意的照顾，入住专业化程度较高的养老院，不失为一个明智的选择。

一般在两种情况下，老年人及其家庭必须面对是否要住养老院这个问题。一种情况是老年人因病住院，出院后需要进行一段时间的康复治疗，这时可以考虑先到养老院巩固疗养。这种情况下老人通常是短期入住，稳定后再回到自己家里。另一种情况是失能失智老人的病情进一步发展，继续在家里照顾已经非常困难了，需要入住护理型养老院，从而得到更加专业的照顾和护理。这种情况下通常就是长期的了。

研究显示，目前我国完全失能的老年人约占老年人总数的3%左右。随着老龄化程度不断加深，高龄失能失智老人的比重还会加大。也就是说，在未来更加长寿的社会里，会有越来越多的老年人入住养老院，并在养老院接受更加专业的照护服务。

三、怎样选择养老院

如果老年人自己或家人开始考虑是否要住养老院的问题，可以考察以下几个方面，从而选择最适合的养老院。

（一）照料型还是护理型

考虑入住养老院的直接原因是在家照顾已经比较困难了，因此选择养老院的首要因素就是得满足老人的照护需要。根据老人的健康状况，选择照料型养老院或者护理型养老院。一般来说，生活尚能自理的老年人，最好的养老模式是住在家里；即使自理有一定的困难，在特别需要的时候可以向家人求助，或申请社区居家养老服务的支持。但这并不是说自理老人不能选择住养老院。现实生活中有各种各样的可能性，子女能给父母提供多少帮助因人而异，目前的社会化养老服务也不尽完善。只要考虑周全、愿意去住养老院，自理老人可以选择住进照料型养老院。

对于失能和失智老年人来说，则一定要选择护理型养老院。患有痴呆症的老年人，最好能入住专门收住痴呆老人的养老院。如果当地没有专门收住痴呆老人的养老院，或因费用等方面的原因不能入住，那么在综合性养老院中，要着重考察这个养老院里有没有专门照顾痴呆老人的专门区域。

（二）养老院的服务质量

随着我国老龄事业的推进，近年来国家相继出台了养老院建设标准和服务标准。2017 年发布的《养老机构服务质量基本规范》是我国第一个养老机构服务质量管理的国家标准，对养老机构的服务项目、服务质量、服务管理和评价等提出了规范要求，具体包括出入院服务、生活照料服务、膳食服务、清洁卫生服务、洗涤服务、医疗与护理服务、文化娱乐服务、心理和精神支持服务、安宁服务等九个方面。这个规范是养老院的服务和管理应达到的最基本要求，家人在为老年人选择合适的养老院时可以作为参考。

2019 年发布的《养老机构等级划分与评定》则是养老机构等级评定的国家标准，也是养老机构等级划分的评价工具。按照评价标准，分别从环境、设施设备、运营管理和服务四个方面给养老机构打分，并根据评分情况将养老机构分成不同的等级。这也是考察养老院服务质量的一个重要参考。

（三）位置和价格

选择养老院时，位置和价格无疑是非常重要的考虑因素。但这恰恰也是一对矛盾，位置好、离家近的养老院通常价格较高，而位置偏远的养老院价格相对低廉。如果想两者兼得，社区嵌入式养老机构是一个不错的选择。社区嵌入式养老机构以社区为依托平台，将居家养老服务和机构养老资源有机地整合到一起。目前在一些大城市开始探索尝试，还处于发展初期。社区嵌入式养老机构的规格一般不大，床位也比较少，入住者大多为本社区的居民。老年人虽然住进了养老院，但还是生活在熟悉的社区，有熟悉的邻居为伴，家人看望更是非常方便。

当然，每个人可以按照自己的需要和预算来选择。不少自己收入较高或是子女经济状况较好的老年人，更愿意选择较高端的商业性养老院。在高端养老院里，照护团队和医疗团队更专业，设施更完善，环境更舒适，氛围更愉悦，膳食更精美，营养更均衡，更注重个性化照护，这些也是吸引高收入老年人的主要因素。

四、适应养老院生活

在考虑要不要去养老院的时候，大部分老年人和家人都会担心老人的适应问题。首先是饮食习惯方面的适应。饮食习惯是在生活中长期养成的，年龄越大越难以改变。有的老人还有特殊的偏好和忌口，往往无法接受养老院统一提供的膳食。在去不去养老院的问题上，很多老年人最担心的就是吃饭不习惯。其次是居住安排上的适应。很多养老院里都设有单人间，但费用较高。相比之下，双人间的费用相对低廉，大部分生活自理的老年人都选择住双人间。对于失能老年人来说，养老院也可能安排更多的人住一个房间，如三人间或人数不等的多人间。因为失能照护的费用较高，多人间降低了房间成本，同时也方便护理人员进行日常监测和照护。再者就是对新的人际关系的适应。很多老年人刚住养老院的时候都会非常想家，希望家人多来看望；对于养老院里的室友、其他老年伙伴，以及护理员和管理人员等，也都有一个熟悉和了解的过程。

不愿意去住养老院的老年人，除了对养老院里的服务质量、膳食安排、生活习惯等方面的疑虑，最担心的就是在那里没有熟悉的人，会感到孤独寂寞。这样的担心不是没有道理的。养老院确实可以提供更加专业的照护服务，但存在一个难以弥补的先天缺陷，就是亲情的缺失。老年人要想适应在养老院里的生活，除了要解决生活和照顾等方面的问题，最重要的就是要建立起良好的人际关系，满足内心的情感需要。

（一）与家人的关系

养老院可以替子女照顾父母，却不能提供家人间的情感支持。虽然老年人住在养老院里，和家人的亲密关系仍然是影响他们心情的重要因素。如果家庭关系和谐，家人经常前来探望，住在养老院里的老年人就会更有安全感。子女孝顺从来都是老年人最大的心理安慰，尤其是住在养老院里，子女的定期探访和关怀不仅带给老人心理安慰，还令他们感到更加幸福和骄傲。

大部分老年人是独自一人住在养老院里，其中以丧偶老人和失能老人居多。有的失能老人的老伴仍然健在，只是没有能力继续在家照顾了。这种情况下，老人最期盼的就是老伴的看望。也有的老年夫妇住在同一个养老院里。如果两人生活都能自理，通常住在同一个房间，这种安排被认为是最理想的。如果双方健康状况差别很大，就有可能分开居住，丈夫和妻子分别和自己健康状况比较接近的其他老人分享房间。无论哪种形式，住在养老院里还能有家人陪伴，这令其他老人无比羡慕。

对于把父母送进养老院照顾的子女来说，定期去看望老人是一件非常重要的事情。刚住进养老院的老人，还需要一段时间适应新的生活环境。养老院的生活和家里的有很大的差别，从居住的房间、一日三餐，到同住的伙伴、新的照顾者等，都要重新熟悉和适应。一般来说，年长者一生养成的生活习惯是比较难以改变的，老人在适应新的环境时需要克服很多心理上的困难，有时候会感到非常无助。这样的时候，他们特别需要家人的陪伴和宽慰。因此，子女一定要理解父母，要常常去养老院看望和陪伴他们，帮助他们尽快适应新的环境和生活。

（二）与同伴的关系

在养老院里，其膳食品质、活动安排、照护管理等决定着老年人的基本生活质量，而养老院里的同伴关系则在很大程度上决定了他们的情绪、心理和精神状况。住进养老院以后，能否适应新的生活环境和居住方式，在很大程度上取决于他们与院内的老年伙伴的关系。

大部分自理老年人，通常愿意和相熟的伙伴一起活动，比如相约一起吃饭、散步、聊天，一起参加养老院为老年人组织的休闲娱乐活动等。有的老年人形成了自己的小圈子，三两好友经常在一起玩耍聊天。还有些老年人在入院之前就是熟人，有的甚至是几个朋友相约住进了同一家养老院，这些老朋友之间始终保持着比较密切的关系。如果在养老院里找到了新的朋友，或者有老朋友陪伴，老年人的适应期通常就比较短。但也有老年人总是独来独往，寡言少语，偶尔才和其他人打个招呼。除非是老人性格本身如此，对和别人交流的兴趣不大，大部分沉默的老年人往往有心理方面的问题，需要得到养老院工作人员的帮助。养老院里的社会工作者、护理员、志愿者等，应特别关注处于这种境况的老年人，向他们伸出援助之手。

在同伴关系中，最重要的就是和室友的关系。由于经济原因，大部分老年人需要和其他老年人共用房间。与年轻人相比，老年人多年来养成的生活习惯不易改变，如果和室友的生活习惯、卫生习惯等差别比较悬殊，很容易产生冲突和不愉快。这是养老院生活里一个很大的问题。此外，室友的健康状况、性格特点等因素，都会影响彼此之间的关系。比如有的老年人非常喜欢说话，总是希望能和室友有更多的交流，但室友可能不爱说话，这位老年人就会感到非常失落。有这类困扰的老年人可以向养老院求助，因为养老院管理也包括帮助老年人处理人际关系问题，协调老年人之间的矛盾和冲突。

（三）与护理员的关系

除了家人和伙伴，养老院里对老年人影响最大的人就是护理人员，对依赖性较强的失能老人而言更是如此。大部分老年人都是因为在家照顾困难才住进养老院的，虽然在养老院能够得到更加专业的照护，但在心理上有很强的失落感和挫败感。对生活自理困难或完全不能自理的老年人来说，从吃饭穿衣到如厕洗浴等所有日常活动，都需要护理员的帮助。一位有爱心、有耐心的护理员，不仅能让老年人的生活变得更加舒适和容易，更重要的是能让他们更有尊严地生活。失能老年人对自己不能自理的处境有很强的自卑感，被不熟悉的陌生人照顾也有很强的不安全感。如果与护理员建立起可以信赖的良好关系，他们就能感到更加安全。他们在身体非常衰弱、只能依赖他人照顾的情况下，特别需要得到心理上的关爱和情感上的支持，护理员对他们的态度和照顾方式决定了他们在养老院的生存质量。

然而，不得不承认的一个现实情况是，我国养老护理员素质偏低、人数短缺等问题一直是制约养老院发展的关键因素。目前我国大部分养老院的护理员文化程度都不高，虽然接受过系统培训的护理员的数量在逐步增加，但与养老院的实际需要的差距仍然很大。与此同时，护理员薪酬普遍较低，职业发展渠道狭窄，而工作压力较大，因此很多养老院都存在护理员不稳定、流失率较高等问题。在观念层面，护理员社会地位较低，从事护理工作被认为是"伺候人"，大中城市的本地人大多不愿从事这一行业，大部分护理员是从农村进城务工的中年女性，还有的护理员年龄已经超过 60 岁。也正是由于这个原因，很多老年人对于是否入住养老院怀有疑虑。在选择养老院时，护理员持证上岗比例、护理员与老年人的配比等指标，是老年人家庭要特别注意的方面。

可以说，养老护理员是养老院的核心，护理员的数量和职业水平决定了养老院的基本品质。为了加强养老护理员队伍建设，规范护理员职业技能，国家发布了《养老护理员国家职业技能标准（2019 年版）》，用来指导养老护理员的培训，并作为职业技能等级认定的基本依据。经过规范培训的养老护理员可以获得资格证书，持证上岗。有的地方政府还制定了统一的养老机构老年人照料操作规范，规范护理员的照料服务，包括协助出行、饮食照料、睡前照料、居室环境、用物消毒等方面的内容。此外，每个养老院还有自己的照料规程和操作要求，以及对于护理员的技能培训和上岗要求。部分城市还出台了激励政策，鼓励更多年轻人从事养老护理行业的工作。

总之，对于生活在养老院的老年人来说，值得信任的人际关系是非常重要的，对他们能否更快更好地适应养老院生活有直接的影响。家庭关系仍然是最为重要的。即使住在养老院里，家人的支持对老人来说仍然是最主要的支持，是老年人的坚强后盾和精神寄托。对于生活能够自理的老年人来说，养老院里的伙伴关系非常重要，特别是室友关系对他们在养老院里的生活质量影响重大。而对于失能老人来说，每天接触更多的是护理员，护理员的专业技能和照护老人时的情绪态度，不仅影响着老年人的身体健康，还深深影响着老年人的心理健康和精神状态。

第六章

养老社区：一站式养老服务

一、什么是养老社区

养老社区发源于 19 世纪中期的美国，最早是为退休后的神职人员设立的，后来逐渐发展成一种面向所有老年人的普及性的养老模式。这种养老社区称为"持续照料退休社区"（Continue Care Retirement Community，简称 CCRC），最大的特色是能够为老年人提供包括医疗照护在内的综合服务。20 世纪 60 年代，美国发展出另外一种养老社区，称为"活跃退休社区"（Active Adult Retirement Community，简称 AARC），这是为了满足健康活跃老年人的养老需求而建设的商业住宅社区，除了日常生活配套服务之外，还为入住居民提供大量休闲娱乐和体育设施，以及丰富多彩的社区活动。和其他商业住宅不同的是，AARC 住宅只出售给 55 岁及以上的老年人。

现在一般所说的养老社区，通常是指 CCRC 社区，也就是持续照料退休社区，这种综合性的养老社区能够为老年人提供从退休到临终关怀的一站式养老服务。CCRC 养老社区的最大特点是，可以对退休老人的生活进行持续照顾，无论老年人的健康状况怎样，他们都能获得所需要的照料服务。

CCRC 养老社区一般建在一个相对独立的区域内，有自己的建筑和功能设施。它一般配有基础生活、休闲娱乐和健康医疗三种类型的功能设施。基础生活设施包括餐厅、超市、美容美发店、银行、邮局、酒店、教堂等。休闲娱乐设施包括图书馆、体育场馆、健身房等。健康医疗设施包括健康中心、护理中心、社区医院、护理院等，并配有专科医生和护理人员。CCRC 养老社区一般为居住者提供三种类型的住宅和相应的服务。第一种是自理型，是为生活完全能够自理的老年人提供的独立生活住宅，房屋类型是独栋房屋或公寓。第二种是介助型，是为生活能自理但需要协助的老年人提供的协助型生活住宅，大多为公寓或套房，并提供日间照顾、生活辅助等协助服务。第三种是介护型，是为不能自理的老年人提供的护理住宅，大多为单人间或多人房间，同时为他们提供持续的全天候的生活照顾和医疗服务。

美国的养老社区经历了从郊区向市区发展的过程，形成了郊区、近郊、市区的不同模式。早期的养老社区一般设于郊区，占地较大，环境优美。健康医疗设施和公共医疗机构一般建在社区中心，老人的独立生活住宅散布在社区各处。位于近郊的养老社区一般规模较小，以多层建筑为主。老年公寓一般建在社区中心，健康医疗设施和公共医疗机构则集中在一栋高层建筑内。由于地价高昂，市区的养老社区规模更小，但一般建在环境较好的区域，能够充分利用周边的公共服务，如医疗服务、生活服务等。

养老社区在日本也非常受欢迎，发展非常迅速。日本的养老社区一般有两种住宅模式：一种是"两代居"住宅，老年人和子女同住、半同住，或比邻而居；另一种是专住型住宅，如老年公寓式的住宅。日本养老社区的住宅设计显示了注重家庭的特点，在这一点上，日本的经验对我国发展养老社区有一定的借鉴意义。在传统养老社区的基础上，各国都有发展适合全年龄人口居住的养老社区的尝试，使社区生活更加接近日常，也让老年居民感受到更加充沛的生命活力，从而激发他们对于生活的热情。

其实早在 20 世纪 80 年代中期，我国多个城市就开始建设老干部休养所（简称"干休所"），居住者主要是部队的离退休老干部。干休所是一个相对独立的社区，除了住宅，社区内还有医院、银行、邮局、商店、活动场所等。但干休所这种形式的养老社区并没有大规模扩展。直到我国进入人口老龄化社会之后，受美国养老社区概念的影响，才逐渐涌现出一批商业地产公司开发的养老社区。

我国的养老社区和美国早期的养老社区相似，一般建在交通便捷、环境优美、空气清新、地价低廉的郊区。养老社区一般分为独立生活区、援助生活区和护理生活区，建有老年住宅、老年公寓、护理机构等，适合不同健康状况的老年人居住。社区内还建有邮局、商店、老年活动中心、老年大学、老年医院等。养老社区能为老年人提供生活照顾、休闲娱乐、继续学习等方面的基本养老服务，以及从健康管理、医疗保健到长期照护、临终关怀等的持续照护服务。

我国最早从事养老房地产的企业北京太阳城集团，模仿美国的养老社区模式，建立了我国第一个养老社区——北京太阳城老年社区。我国还出现了中医保健养生类的主题养老社区，如北京太申祥和山庄。太申祥和山庄内建有国际养老院、度假山庄和太医馆等，其中的太医馆把现代养老与传统中医结合起来，提供中医养生保健服务，成为太申祥和山庄的一大特色。

前两章分别介绍了居家养老和机构养老，其实我们可以把养老社区看作居家养老和机构养老的综合形态。也就是说，养老社区既具有居家养老的特点，也具有机构养老的特点。有的养老社区在不同城市建有自己的连锁社区，在一地长住的老年人也可以到其他连锁社区短期居住，这相当于为老人提供了一种旅居养老服务。

总的来看，养老社区在我国的发展还刚刚起步，存在很多问题。一是成本高，价格贵。目前我国的养老社区主要由市场投资建设，能够获得的政策扶持非常少，而这些养老社区的前期投入较大、资本回收期长，目前有能力参与投资和运营的都是资本雄厚的大型企业。而目前我国大部分老年人的收入水平较低，支付能力有限，只有少数收入较高或子女收入较高的老年人有可能入住。二是服务水平有待提高。养老社区的核心特点是能够提供持续照护服务，这就需要配备由多学科专业人员组成的团队，包括医生、护士、理疗师、社会工作者、照护人员等，但总体来看这些方面的人才都比较紧缺，特别是有资质的专业照护人员的短缺是我国养老服务行业的一个普遍问题。三是位置大多偏远。由于成本问题，投资者取得的地块大多在地价相对低廉的城市郊区，所以普遍存在交通不便、配套生活设施不完善等问题。但与此同时，随着人口老龄化程度的加深，近年来我国养老社区发展的速度也逐步加快，新建的养老社区在硬件设施方面，尤其是在室内外无障碍设施、适老化宜居设计和智能辅助设备等方面的水平都有显著提高。

二、如何选择养老社区

要选择适合自己的养老模式，首先要明白自己的需求是什么，其次要充分了解不同养老模式的特点。一般而言，不愿离开居住多年的家庭的自理老年人可选择居家养老，重度失能失智老年人去养老院更好，而愿意开始新生活且有一定经济能力的老年人可以选择养老社区。与其他养老模式相比，入住养老社区最大的优点是：它结合了居家养老和机构养老的特点，老年人既能长期居住在熟悉的环境里，又能享受连续性的照护服务。

但必须承认，目前我国养老社区价格昂贵，对老年人家庭的支付能力要求较高。完善的养老社区能够提供完备的、连续性的养老服务和照护服务，需要技术支持和良好培训的照护者队伍，高品质的服务必然意味着高价格。比较而言，位于城市中心的养老社区费用会更高。我们期待，未来随着成本控制和政策扶持，养老社区的价格能够更加亲民，入住养老社区的养老模式能够惠及更多的老年人。

当前，考虑入住养老社区的老年人可以重点关注以下几个方面的问题：

第一，养老社区能否真正为入住者提供从预防医疗到康复护理的连续性服务。养老社区的核心理念和特征就是持续照护，让处于不同健康状况的老年人都能得到相应的照料和支持。因此，养老社区是否确实能够提供连续性照护，是每个老年人及其家人首先要考虑的问题。需要较多生活辅助和重度失能的老年人的家庭，要特别关注养老社区的医疗条件，包括社区内的慢病康复管理体系、医疗机构或关联的医院所能提供的服务项目等。目前我国的养老社区还处在起步阶段，真正能够提供完备的医疗服务、养老服务和持续照料的养老社区还不多，老年人及其家庭要慎重考察和选择。对于健康状况比较好的活跃老年人来说，除了持续照护服务，入住养老社区的主要诉求是生活在一个更加舒适安全、服务更加集中完备的环境里，减少琐碎的家务劳动，用更多的时间来体验丰富多彩的生活。他们希望住在养老社区中的居家式住宅里，保持独立的家庭氛围和个人空间。因此，社区是否能够提供充足的休闲娱乐设施和令人满意的生活服务就非常重要，这是老年人及其家庭要重点考察的内容。

第二，养老社区能否为入住的老年人提供心理健康和精神关爱服务。一方面，无论是低龄健康老人，还是高龄和失能老人，在良好的生活照顾的基础上，都需要一定的文化生活和精神关爱。这就需要考察养老社区是否建有必要的文体休闲设施，是否定期为老年人安排文化体育和娱乐活动。通常，建有老年大学、文体活动中心等设施，并让老年人组成兴趣小组、定期举办文化活动、节庆时举办联欢活动等的养老社区，更加关注老年人的心理健康和精神状态。另一方面，养老社区是否有老年精神疾病治疗和康复的机构和专业人士（如心理咨询师和社会工作者）也是一个需要考察的问题。养老社区应在老年人的环境适应、人际关系、心理健康等方面给予老年人指导和帮助。

第三，环境和设施的适老化水平。养老社区是一个综合性社区，入住者为各个年龄段的老年人。因此，在环境和设施上是否考虑到各种健康状况的老年人的特点非常重要，包括室内外无障碍设施、紧急呼救设施、道路和建筑物的标识、园林景观、社区公共场所的安全性、建筑物内外的灯光色彩，以及住宅内部设施的舒适性和方便性等。即使老年人当前健康状况比较好，老年人及其家人也要考虑到长远居住的需求。

第四，养老社区的位置。郊区的养老社区一般面积较大，但是距离城市较远，子女前来看望不太方便。而靠近城区或位于城市中心区域的养老社区一般通过租赁、改造等方式建成，通常面积较小，活动区域有限。城市中心养老社区的优点是，和老年人原本熟悉的生活环境比较接近，子女前来探望也比较方便，还可以充分利用城市中心比较优质的医疗服务资源。两种养老社区各有优势和劣势，老年人及其家人可斟酌选择。

第五，养老社区的入住模式。目前我国的养老社区主要有会员式、产权式、租赁式和金融产品式几种模式，老年人可根据自身的实际情况，选择最适合自己的模式。一是会员式，是指社区对入住者出售会员卡或会员资格。购买了会员资格的老年人，就可以获得该养老社区提供的持续服务。二是产权式，是指社区对入住者出售房屋产权。产权的年限由开发商确定，在年限内可由子女继承。三是租赁式，是指社区向入住者租赁房屋。这种模式通常需要缴纳一定的门槛费（押金），老年人获得养老社区房屋的租住权和使用权，再按月缴纳房租和服务费。四是金融产品式，是指为金融产品持有人提供养老社区服务，如购买了保险产品的老年人可以入住养老社区并享受相应的服务。

第七章

过一个有意义的晚年

一、尽量保持独立性

人们总是说，老年期是生命的最后阶段。但在老龄社会，这个阶段大大延长了。百岁人生不再是少数人的传奇，而成为大部分人都可企望的目标。虽然现在人们还是习惯按照退休年龄来计算什么时候变成了老年人，并且把退休后的人生看作晚年生活，不过人们也越来越清楚地认识到，在退休后的大部分时间里，生活并没有发生什么根本性的变化。跟从前不同的是，不用再去单位上班了，但在家里也有很多事情要做。如果走出家门，参加一些社会活动，发展一点兴趣爱好，有时候比从前上班还要忙碌。

按照法国第三年龄大学创始人之一彼得·拉斯里特（Peter Laslett）提出的人生四个阶段的划分，第一年龄为儿童年龄，第二年龄为劳动年龄，第三年龄是自我实现年龄，第四年龄为依赖年龄。老年人保持健康状态的时间越长，第三年龄阶段的时间就越长，过更加独立和自主的生活的时间就越长，完成自我实现的愿望的可能性就越大。独立性较强的老年人，不仅可以管理好自己的生活，还可以为家庭、为社会做出很多贡献。

毋庸讳言，随着年岁增长，人的身体机能不可避免地会逐渐衰退。老年人是慢性病的高发人群，我国将近三成老年人患有一种慢性病，超过一半的老年人患有两种或以上慢性病。但新的健康观念认为，老年健康最好的测量指标不是身体的病理改变，而是身体功能的适应能力。因此，对每一位老年人来说，做好生活规划，过有准备的生活，就变得更加重要了。这些准备当中最基础的，就是坚持健康的生活方式，尽量长时间地保持独立生活能力。

在一些发达国家，由于受教育年限延长、生活水平提高，以及早年健康状况良好等，老年人患病率和残疾率都显著下降。事实表明，健康的生活方式、完善的健康管理、早期介入诊断治疗、有效的慢病控制、辅助器具的推广，以及广泛的科技应用等，都有益于老年人的身体功能维持。

　　长寿延长了生命的长度，也拓展了生命的广度。从单一的安享晚年到多样化的生活体验，老年期和其他生命阶段一样，都是独一无二、弥足珍贵的。为了更好地度过这个不断延长的人生阶段，需要规划好其中每一个小阶段的生活，树立生活目标。比如可以在低龄阶段和健康状况良好时，拥有自己的生活追求，发展自己的兴趣爱好，照顾年迈的父母和有需要的家人。在高龄阶段或需要他人照顾时，无论住在家里，还是住进养老院，都应配合照顾者的要求，感激他们对自己的付出，尽量不留遗憾地过好当下的生活。

二、正确看待依赖性

当我们需要别人照顾时，特别是不得不离开家住进养老院的时候，就意味着我们进入第四年龄阶段了。随着年龄增长，尤其是进入高龄期以后，身体机能和活动能力会显著下降，许多以往习以为常的日常活动现在都需要他人的协助才能完成。虽然谁都知道每个人都会变老，都可能有无法照顾自己的那一天，这是不以人的意志为转移的自然规律，但是当这些事情真的发生的时候，我们还是会感慨时光荏苒、岁月无情。青春岁月似乎稍纵即逝，纵然万般不舍，但亦无可奈何。既然如此，就让我们安心地接受"我老了"这个事实，在接下来的日子里，过好每一天的生活。

老年人的依赖性，一方面体现在长期照料的需要上，另一方面表现在心理慰藉和解除孤独的需要上。老年人所依赖的对象，最主要是家人，特别是家庭照料者。无论是身体上的照护，还是心理上的慰藉，老年人主要都是从家庭中获得的。以欧洲国家从机构照顾回归家庭和社区照顾的经验看，家庭是老年人最期盼的归属，社区照顾则是最理想的服务模式。我国尤其注重家庭文化，政府始终强调家庭在养老的基础地位，并把居家养老作为养老服务体系中最重要的部分加以推行。即使住进养老院或者养老社区，家人仍然是老年人最主要的牵挂，家人的关怀和家人之间亲密关系仍然是老年人的精神支柱。

正像幼儿对成人的依赖一样，老年期的依赖性并不羞耻，而是正常生命历程中的一部分。老年人需要经济上的支持，需要生活上的照顾，还需要心理上的安慰。需要帮助的老年人往往会接受家人的照顾，接受社区的助老服务，也接受养老院里的专业照护服务。在接受帮助的过程中，老年人还是可以做力所能及的事，最为重要的还是要为自己的生活做主。所以，家人的照顾、社区的支持、养老院的服务，其目的都是帮老年人生活得更有尊严，而不是剥夺老年人的自主权。老年人的依赖性并不意味着没有了自主性，更不能说明独立人格的丧失，而是在家人和社会善意的协助之下，有尊严、有价值地度过生命的每一时刻。

三、爱赋予生命意义

每个人的一生，都要经历幼年、青年和老年，都会从不成熟走向成熟，从繁盛走向凋零。人生中的每个阶段都会为下一个阶段打下基础，为前一个阶段谱写续章，最终以生命讲述一个属于自己的故事。作为生命故事的每一个篇章，每个时期都值得认真对待，每段经历都值得用心珍藏。

但人们总是说，老年是人生的最后阶段，这个"最后"之后会是什么呢？如果再也没有"之后"了，这个阶段又有什么意义呢？我们说，正是因为老年期将面临生命的终结，它对于每个人就变得更加重要。这是总结和回顾一生的时间，是每个人完善自己的最后机会。我们越是接近生命的终点，越是感觉时间紧迫，就越是希望在还来得及的时日里，补偿曾经的缺憾，弥合曾经的裂隙，悔改曾经的过失。这既是为了安顿我们的心灵，也是为了给生者留下更加美好的记忆。

在一生的很多时间里，我们都曾思考什么是人生的意义、怎样的生活才是有意义的。年轻时想的可能是为了追寻真理而探索世界，可能是为了爱情和家庭而努力拼搏，也可能是获得成功以体现自我价值。到了晚年，经历过人间沧桑、世事沉浮，人们逐渐回归本心，转而探究内在的精神世界，对生命和自我的思考成为生活中最要紧的部分。什么是人生最重要的东西？我的人生是否圆满？我的人生有什么遗憾？我的过错能否被原谅？现在我还能做些什么？……

往往，最牵动心弦的是爱和亲情。家庭中的亲情，朋友间的友情，成为生活中最真实、最动人的部分。

人们珍视亲情，愿意为家人奉献和付出。长辈爱护小辈，小辈孝敬长辈，彼此尊重，相互扶持。父母视子女为生命的延续，为了子女不惜做出任何牺牲；子女敬爱父母，父母的身影牵动着他们的一生。亲子之爱如此，夫妻之爱亦然。在现代社会的家庭中，子女数量减少，长大后大多和父母分开居住，夫妻关系变得更加重要。夫妻相濡以沫，共同完成抚育子女的任务；到老年时相互搀扶，携手走完人生最后的旅途。人生苦短，又常常留下遗憾。在家庭中，可能是相互之间的亏欠，可能是对家人的疏忽或轻慢，也可能是某种情势下的不公甚或伤害。回首往事，如果心中总有隐痛或不安，就让我们释放出来，寻求和解，重建关系。对家人的深爱源自心底，是人类最美好的情感，是老年人心灵深处最渴求的慰藉。

朋友之间的真挚友谊同样难能可贵。每个人都是独立的个体，但同时生活在社会之中，需要朋友的陪伴，需要他人的帮助。无论是家人，还是朋友，在与他们的联系中，我们不再是孤独的。通过参与他人的生活，我们也丰富了他人的世界。难免地，会有懊悔，会有遗憾，但也有机会。回顾一生，我们曾经追求过很多东西，但内心最深切的渴望还是充满爱的人际关系，最难以忘怀的仍然是友情、爱情和亲情。而老年给予我们最珍贵的馈赠，就是让岁月褪去了包裹心灵的坚硬外壳，拭去了蒙蔽心灵的尘埃顽垢，呈现出内心柔软而绚烂的底色——爱，从而拯救我们的一生。

当然，我们需要内心有力量，才能爱家人、爱朋友、爱自己。为了获得这种力量，我们需要付出努力，带着岁月给予的馈赠和信念，去发现那原本就潜藏在内心深处的珍宝。所以，趁来得及的时候，让我们向亲人和朋友敞开心扉，怀着感恩之情，了解彼此的心意。纵然生命短暂，爱亦能点亮人性的光辉。

爱，赋予生命意义！

图书在版编目（CIP）数据

养老方式选择多／李晶著.—桂林：广西师范大学
出版社，2022.10
（50岁开始的"你好人生"）
ISBN 978-7-5598-5427-8

Ⅰ．①养…　Ⅱ．①李…　Ⅲ．①养老-社会服务-
中国-中老年读物　Ⅳ．①D669.6-49

中国版本图书馆CIP数据核字（2022）第177902号

养老方式选择多
YANGLAO FANGSHI XUANZE DUO

出　品　人：刘广汉
组　稿　人：马占顺
责任编辑：刘　玮
助理编辑：钟雨晴
装帧设计：弓天娇　李婷婷
广西师范大学出版社出版发行

（广西桂林市五里店路9号　　邮政编码：541004）
（网址：http://www.bbtpress.com　　）
出版人：黄轩庄
全国新华书店经销
销售热线：021-65200318　021-31260822-898
山东韵杰文化科技有限公司印刷
（山东省淄博市桓台县桓台大道西首　邮政编码：256401）
开本：720 mm×1 000 mm　　1/16
印张：11.25　　　　　　字数：80千字
2022年10月第1版　　2022年10月第1次印刷
定价：39.00元

如发现印装质量问题，影响阅读，请与出版社发行部门联系调换。